W0392965

Jutta Grimm

# Ratgeber Stoffwindeln

Gedruckt auf
**100%** Recyclingpapier

Jutta Grimm

# Ratgeber Stoffwindeln

## Anders wickeln

Gesund fürs Kind und gut für die Umwelt

fotografiert von Hanna Rudolf

pala verlag

# Danke!

Ein herzliches Dankeschön allen Fotomodellen und ihren Eltern sowie allen Interviewpartnerinnen, die uns bei diesem Buch unterstützt haben.

# Inhalt


**Wie ich (wieder) zu Stoffwindeln kam ...** 9

- Interview: Katrin Ruppert-Mast – Hebamme 12

**Warum Stoffwindeln?** 15

Häufig gestellte Fragen 15

Gesundheit 19

Umwelt 22

Kostenvergleich 24

Kommunaler Ansatz 30

- Interview: Sawa Nordt – Ladeninhaberin 32

**Stoffwindeln Theorie ...** 35

One-Size-Windel oder Mehrgrößenwindel? 35

Windelsysteme 36

Saugeinlagen 49

Vlies und Fleece 50

Materialien 53

Verschlüsse 58

Ausstattung 61

Kauf und Wiederverkauf 64

Stoffwindelberatung 67

Windeldienst 69

- Interview: Christiane Schweitzer – Lehrerin 70

**... und Stoffwindeln Praxis** ..... 73

Richtig wickeln ..... 73

Saugwindeln falten und anlegen ..... 76

Stoffwindeln in der Nacht ..... 86

Neugeborene ..... 88

Stoffwindeln in der Kita ..... 91

Wunder Po ..... 94

Die Wickelkommode ..... 97

Wohin mit den schmutzigen Windeln? ..... 100

- Interview: Swantje Müller – Tagesmutter ..... 104

**Stoffwindeln waschen** ..... 107

Einwaschen ..... 107

Waschen ..... 107

Waschmittel ..... 113

Die Waschmaschine ..... 116

Trocknen ..... 118

Wollwindelhosen waschen und fetten ..... 120

Die Windel strippen ..... 127

- Interview: Theresa Engel – Mutter ..... 128

**Do it yourself** ..... 131

Babyöl ..... 131

Cremes ..... 132

Feuchttücher ..... 134

Wollüberhose ..... 136

**Die Autorin** ..... 138

**Die Fotografin** ..... 139

**Adressen** ..... 140

# Wie ich (wieder) zu Stoffwindeln kam …

Nachdem ich in den 90er-Jahren des letzten Jahrhunderts meine vier Kinder mit Stoffwindeln, genauer gesagt mit Strickbindewindeln, gewickelt hatte, schien das Thema lange für mich erledigt. Wieder darauf gebracht hat mich mein Mann, der als Bürgermeister einer südhessischen Kleinstadt immer wieder den Wunsch nach kostenlosen Windelmüllsäcken vorgetragen bekam. Er meinte, das sei keine nachhaltige Lösung, und so fing ich an, mich intensiv mit dem Thema »Stoffwindeln« zu beschäftigen.

Der Umweltaspekt war also der Ausgangspunkt, aber je tiefer ich mich in die Materie einarbeitete, desto bewusster wurde mir, dass moderne Stoffwindeln in jeder Hinsicht ein Gewinn sind. Für die Gesundheit unserer Kinder, finanziell und natürlich auch für die Umwelt. Heute kann ich mir nichts Besseres mehr für Babys vorstellen.

Also fing ich an, zu lernen, zu recherchieren und zu testen. Ich befragte eine Menge Experten: Mütter, Hebammen, Tagesmütter, Erzieherinnen, Berufsschullehrer, Waschmaschinenhersteller und Ärzte. Ich beschäftigte mich mit Studien und Arbeiten zum Thema. Darüber hinaus machte ich die Ausbildung zur Stoffwindelberaterin. Heute bin ich begeistert von den Möglichkeiten und der Vielfalt, welche die neuen Stoffwindeln bieten. Sie sind praktisch, wunderschön und kosten über die gesamte Wickelzeit gesehen nur einen Bruchteil dessen, was Wegwerfwindeln kosten. Auch die Wäsche ist im Zeitalter von Waschmaschinen und neuen Materialien kein Hexenwerk mehr.

Es gibt im Internet viele Quellen und überwältigend viel Information zu Stoffwindeln. Gerade für Einsteiger ist das sehr unübersichtlich. Deshalb habe ich dieses Buch geschrieben, das als Ratgeber markenunabhängig über Stoffwindeln informiert. Für Einsteiger, aber auch für erfahrenere Stoffwindel-Eltern. Zum Nachschlagen und zum Schmökern.

**12 Gründe für das Wickeln mit Stoffwindeln**

- Stoffwindeln sind gut für die Babyhaut, weil sie keine »Chemiebomben« sind.
- Stoffwindeln sind atmungsaktiv und erzeugen kein »Treibhausklima« in der Windel.
- Stoffwindeln fördern die Hüftreifung durch das breitere Wickeln.
- Stoffwindeln schonen die Umwelt.
- Stoffwindeln schonen den Geldbeutel.
- Stoffwindeln kann man schenken oder weiterverkaufen.
- Stoffwindeln zu waschen, ist wirklich einfach.
- Stoffwindeln sehen super niedlich aus.
- Stoffwindeln sind genauso saugfähig wie Wegwerfwindeln.
- Stoffwindeln gehen nicht aus. Schon gar nicht spät abends oder am Wochenende.
- Stoffwindeln helfen beim Trockenwerden, weil das Kind die Nässe besser spürt als bei Wegwerfwindeln.
- Stoffwindeln machen Spaß. Mit ihnen ist Wickeln kein notwendiges Übel, sondern etwas, was man mit Liebe tut.

Und auch das Problem meines Mannes konnte dank Stoffwindeln gelöst werden: Unsere Stadt verschenkt nun an Eltern von Neugeborenen ein Starterpaket Stoffwindeln statt Windelmüllsäcke. So haben die Familien die Möglichkeit, Stoffwindeln kennenzulernen. Sie können ihr Baby damit gesund, umweltfreundlich und kostengünstig wickeln. Und Spaß macht es auch noch.

Ich hoffe, auch Sie für Stoffwindeln zu begeistern und Ihnen mit meinem Ratgeber eine Hilfe im Alltag zu bieten.

## Interview: Katrin Ruppert-Mast

**Hebamme**

Mein Name ist Katrin Ruppert-Mast. Ich bin Krankenschwester und seit 2005 examinierte Hebamme. Ich habe selbst drei Kinder im Alter von zehn, acht und zwei Jahren.

***Ab wann würdest du Stoffwindeln empfehlen?***
Also wenn, dann gleich, denke ich. Es ist wohl schwieriger, später noch mal umzusteigen. Denn man muss sich schon darauf einlassen. Es ist eine andere Wickeltechnik.

***Beratet ihr in den Geburtsvorbereitungskursen auch zum Thema Wickeln im Allgemeinen und Stoffwindeln im Besonderen?***

Generell ja, es werden alle Varianten zum Thema Wickeln angeboten. Ich selbst glaube, dass Wickeln mit Stoffwindeln definitiv besser fürs Baby und für die Umwelt ist. Vor allem für die Haut. Ich sehe selbst viele wunde Kinder in der Nachsorge und bin überzeugt, dass Stoff an der Haut zu haben, angenehmer ist als Plastik. Dass Stoffwindeln für die Umwelt besser sind, liegt ja auf der Hand. Man sieht, wie voll die Restmülltonnen vor allem bei Familien mit Neugeborenen sind. Die meisten Windeln brauchen die Babys sowieso am Anfang. In den ersten Wochen ist der Verbrauch echt Wahnsinn! Später aber natürlich auch noch.

***Was denkst du persönlich über Stoffwindeln?***

In den letzten Jahren hat sich gerade bei den Stoffwindeln enorm viel getan. Von den neuen, modernen Stoffwindeln bin ich wirklich begeistert. Ich denke, wir Hebammen müssen die Frauen vor dem ersten Kind informieren, denn die Umstellung von Wegwerfwindeln auf Stoffwindeln ist eher die Ausnahme. Da sehe ich uns Hebammen tatsächlich in der Verantwortung, auf Stoffwindeln aufmerksam zu machen. Und daher freue ich mich, dass es mittlerweile so gute und durchdachte Systeme gibt.

# Warum Stoffwindeln?

## Häufig gestellte Fragen

Mit Stoffwindeln wickeln? Ne, echt jetzt? Wer tut sich denn so was an? Hier ein paar kurze Antworten auf die häufigsten Fragen zum Wickeln mit Stoffwindeln. In den nächsten Kapiteln wird es dann detaillierter.

### Ist das Wickeln mit Stoffwindeln nicht furchtbar umständlich?

Moderne Stoffwindeln sind einfach zu handhaben. Je nachdem, für welches System man sich entscheidet, funktioniert das Wickeln genau wie bei einer Wegwerfwindel oder ist nur wenig aufwendiger. Man muss keine Kinderpflege-Ausbildung gemacht haben, um mit Stoffwindeln zu wickeln.

### Sind Stoffwindeln nicht viel teurer?

Auch wenn die Stoffwindeln in der Anschaffung erst einmal viel Geld kosten, muss man die Kosten über die gesamte Wickelzeit sehen. Stoffwindeln sind bei Betrachtung aller(!) Kosten sehr viel günstiger als Wegwerfwindeln. Selbst die teuersten Modelle, inklusive Waschen und Zubehör, sparen noch eine Menge Geld. Noch besser schneiden Stoffwindeln ab, wenn man sie zum einen gebraucht kauft und zum anderen entweder für Geschwisterkinder nutzen kann oder wieder verkauft. Wegwerfwindeln kosten über die gesamte Wickelzeit gesehen mehr und müssen dann auch noch teuer entsorgt werden. Und beim nächsten Kind geht das Ganze wieder von vorne los.

## Und die ganze Wascherei ...

Ja, Stoffwindeln müssen gewaschen und getrocknet werden. Das ist richtig. Aber mal ehrlich, jeder Haushalt mit Waschmaschine kann das gut schaffen. Wer noch einen Trockner sein Eigen nennt: prima. Wenn nicht, auch gut. Es reicht, die Stoffwindeln alle zwei bis drei Tage zu waschen, das kriegt man doch hin. Übrigens, Stoffwindeln haben Sie immer zu Hause. Es kann nicht passieren, dass Sie an einem Feiertagswochenende plötzlich merken, dass keine Windeln mehr daheim sind. Mit Stoffwindeln sind Sie autark!

## Die Sache mit dem Kacka ...

Sie denken, es ist eklig, mit Kot umzugehen? Stoffwindeln können mit einem dünnen Windelvlies ausgelegt werden, das mitsamt Kot entsorgt wird. Höchstens wenn der Stuhl sehr dünnflüssig ist und etwas ausläuft, müssen Sie direkt damit umgehen. Aber das passiert bei Wegwerfwindeln genauso. Und unter uns gesagt: Bei Babys ist das eigentlich überhaupt nicht eklig. Vor allem nicht beim eigenen.

## Und wenn mal der Babysitter wickeln muss?

Tja, dann wickelt er halt. Bereiten Sie die sauberen und trockenen Stoffwindeln so vor, dass sie griffbereit in der Wickelkommode sitzen. Fertig gefaltet und mit Einlagen bestückt, kann die Windel dann auch von Oma, Opa, Babysitter oder wem auch immer einfach angelegt werden. Ist ebenso praktisch für Sie: Denn schließlich möchten Sie bei Bedarf auch möglichst schnell gewickelt haben. Zum Beispiel nachts um 2 Uhr 47 ...

## Sind Stoffwindeln gesund für mein Kind?

Ein klares Ja! Stoffwindeln sind atmungsaktiv und chemikalienfrei. Bei normalem Gebrauch hat das Baby viel seltener einen wunden Po. Es kommt mehr Luft und keine Chemie an die zarte Babyhaut. Außerdem bekommt das Baby mit Stoffwindeln viel besser ein Gefühl für die eigenen Ausscheidungen und wird erfahrungsgemäß schneller trocken.

Ein weiterer Vorteil von Stoffwindeln ist, dass man im Schritt breit wickeln kann, wenn ein Nachreifen der Hüften erforderlich ist. Mit Wegwerfwindeln ist das nicht möglich.

Das Innere einer Wegwerfwindel besteht hauptsächlich aus Zellstoff und Superabsorberkügelchen aus Polyacrylat, die das Babypipi in Gel umwandeln und so verhindern, dass es an die Haut zurückfließt. Außerdem Watte, Polyethylen, Polypropylen, Klebstoffe, eventuell Gummi und Latex oder Lycra in unterschiedlichen Zusammensetzungen. Ich möchte das keiner Babyhaut drei Jahre lang zumuten.

## Halten Stoffwindeln dicht?

Richtig angelegt, halten Stoffwindeln mindestens genauso dicht wie Wegwerfwindeln. Die Werbung suggeriert, dass mit Wegwerfwindeln nichts auslaufen kann. Die Erfahrung sagt: kann doch. Auch mit Wegwerfwindeln hatten wir schon einen gigantischen Stillkindstuhl bis ins Babygenick verteilt oder ein nasses Bettchen nach einer durchgeschlafenen Nacht. Das kommt vor. Auch bei Stoffwindeln. Aber Stoffwindeln sind in dieser Beziehung bestimmt nicht schlechter als Wegwerfwindeln. Ein zusätzliches Bündchen hinten am Rücken macht sie sogar auslaufsicherer. Und über das gewählte Material kann man die Windel immer ganz an die Bedürfnisse des Babys anpassen.

## So viel Müll ist eine Wegwerfwindel doch auch wieder nicht ...

Das läppert sich zusammen! Eine volle Wegwerfwindel hat im Schnitt ein Volumen von 0,8 Litern. Bei 6000 Windeln bis zum Trockenwerden sind das 4800 Liter Müll, ein riesiger Haufen. Rechnen Sie das mal in Müllgebühren um, bei uns kostet der Liter Müll zurzeit 0,16 Euro.

Noch wichtiger: Das ist nicht besonders umweltfreundlich. In der Natur braucht eine Wegwerfwindel schätzungsweise fast 500 Jahre, bis sie vollständig abgebaut ist. Meist landen Wegwerfwindeln in der Müllverbrennung. Dort bleiben hochgiftige Filterstäube zurück, die tatsächlich endgelagert werden.

## Sind Stoffwindeln nicht altmodisch?

Nein, ganz und gar nicht. Stoffwindeln sind aus pflegeleichten und technisch modernen Stoffen. Man hat die Wahl zwischen vielen mehr oder weniger bunten Designs und Modellen. Überzeugen Sie sich einfach selbst.

## Brauche ich ständig neue Größen, wenn mein Baby wächst?

Nein, nur für ganz kleine Neugeborene empfiehlt es sich, eine kleine Größe zu kaufen, auszuleihen oder die ersten Wochen mit Mullwindeln zu wickeln. Ansonsten kommt man gut mit den mitwachsenden Stoffwindeln aus. Diese können per Druckknopf oder Klett sowohl in der Leibhöhe als auch im Bauchumfang verstellt werden. Wer für den Anfang doch lieber kleine Stoffwindeln kaufen möchte, kann sie übers Internet oder auf dem Babybasar mit geringem Wertverlust wieder verkaufen.

## Gibt es Unterstützung von der Politik?

In anderen Ländern ist die Verwendung moderner Stoffwindeln inzwischen ganz normal. So wird in England die Verwendung der Stoffwindeln mit verschiedenen Programmen und Aktionen sogar von der Regierung gefördert. Auch in Deutschland gibt es Ansätze: Erste Kommunen und Landkreise fördern Stoffwindel-Projekte als nachhaltige Alternative zu Windelsäcken oder Windelcontainern. Fragen Sie bei Ihrer Verwaltung ruhig einmal nach.

## Gesundheit

Wenn Sie eine neue Packung Wegwerfwindeln öffnen, steigt Ihnen zuerst einmal ein Geruch nach Chemikalien in die Nase. Ist die Windel vollgepinkelt, verstärkt sich das noch. Es stinkt! Deshalb schauen wir uns mal genauer an, woraus so eine Wegwerfwindel besteht.

Verkürzt gesagt, besteht eine Wegwerfwindel aus einer wasserfesten Außenhülle aus Polyethylen, einem Saugkörper und einem dünnen Vlies zum Babykörper hin. Im Prinzip ähnlich wie bei einer Stoffwindel. Allerdings kommt es auf die Materialien an.

Der Saugkern einer Wegwerfwindel soll möglichst schnell und möglichst auslaufsicher Urin aufnehmen. Auch wenn Druck auf die Windel ausgeübt wird, soll die Flüssigkeit nicht wieder freigegeben werden. In den Anfangszeiten der Wegwerfwindeln war hier Zellstoff das Mittel der Wahl, mittlerweile haben sogenannte Superabsorber (zum Beispiel Natriumpolyacrylat) den Zellstoff ganz oder zum großen Teil abgelöst. Superabsorber sind in der Lage, ein Vielfaches ihres Gewichts an Flüssigkeit aufzunehmen und vor allem festzuhalten. Bei einer vollen Wegwerfwindel können Sie das leicht ertasten, dort hat sich ein voluminöseres Gel im Inneren der Windel gebildet.

Oft ist noch eine Lotion auf dem Vlies aufgebracht, welche die zarte Babyhaut vor zu großem Austrocknen durch den Superabsorber schützen soll. Diese Lotion kann Paraffinöl (schränkt die Hautatmung ein und kann sich in Organen anreichern) oder Petrolatum (Vaseline, Erdölderivat, schränkt die Hautatmung ein) enthalten.

Die wasserdichte Außenhaut besteht bei Wegwerfwindeln meist aus Polyethylen (PE), die inneren Vliese und Schutzfolien sind aus Polypropylen (PP) und PE. Kunststoffbündchen und luftdichte Kunststoffschichten plus Superabsorber plus Ausscheidungen des Kindes führen zu einem Temperaturanstieg im Inneren der Wegwerfwindel. Dies schafft ideale Bedingungen für Bakterien und Pilze. Die Wahrscheinlichkeit für Wundsein oder Windelsoor ist bei mit Wegwerfwindeln gewickelten Kindern höher als bei Stoffwindelkindern.

In einer Studie der Christian-Albrechts-Universität zu Kiel[1] war außerdem die Hodentemperatur der teilnehmenden Jungen bei Wegwerfwindeln im Vergleich zu Stoffwindeln erhöht. Ob sich dies schädigend auf die Entwicklung der Hoden und somit die spätere Fortpflanzungsfähigkeit auswirken kann, wird in Fachkreisen diskutiert. Reproduktionsforscher warnen, dass die Spermienanzahl pro Samenerguss in den westlichen Ländern seit 1973 durchschnittlich um 50 bis 60 Prozent gesunken ist. Das ist auch der Zeitpunkt, zu dem die Wegwerfwindel in West-Deutschland Einzug hielt.

Windelhersteller sind gesetzlich nicht dazu verpflichtet, die Inhaltsstoffe ihrer Windel auf der Verpackung anzugeben. Selbst wenn einige Inhaltsstoffe aufgeführt sind, können weitere, vielleicht weniger attraktive vorhanden sein, wie Parfüm oder Parabene.

Mittlerweile gibt es Öko-Wegwerfwindeln, bei denen teilweise umweltfreundlichere Materialien verwendet werden. Aber auch hier lohnt es sich,

1 Partsch, Aukamp, Sippell (2001): Scrotal Temperature Is Increased in Disposable Plastic Lined Nappies. Archives of Disease in Childhood. In: Arch Dis Child Volume 83, 364-368

genau hinzuschauen, ob beispielsweise Superabsorber oder mit Chlor gebleichter Zellstoff eingesetzt werden. In der Regel kosten Ökowindeln mehr als konventionelle Wegwerfwindeln, was auch zugunsten der Stoffwindel spricht. Wer auf Wegwerfwindeln im Notfall zurückgreifen möchte, ist mit Ökowindeln aber sicher besser bedient als mit konventionellen Wegwerfwindeln.

Auch eine Stoffwindel hat eine nässeschützende Außenseite und eine saugende Innenschicht. Allerdings haben Sie es hier selbst in der Hand, welche Materialien Sie dazu auswählen. Baumwolle und Hanf aus kontrolliert biologischem Anbau, Wolle und Seide aus kontrolliert biologischer Tierhaltung sind beispielsweise Materialien, die meist gut verträglich und nachhaltig sind. Auch sehr gut sind Stoffwindeln mit PUL (Polyesterjersey, laminiert mit einer sehr dünnen, wasserdichten Membran aus Polyurethan). PUL lässt die Babyhaut atmen, ohne dass die Feuchtigkeit nach außen dringt. Dadurch entsteht auch hier ein sehr gutes Windelklima.

Babyhaut ist viel empfindlicher als die von Erwachsenen, was an der durchlässigeren Zellstruktur der Hornschicht und den noch unvollständig ausgebildeten Schweiß- und Talgdrüsen liegt. Gerade die zahlreichen Chemikalien in konventionellen Windeln sind dabei ein großes Problem. Ausschläge, Hautreizungen oder Allergien können die Folge davon sein. Achten Sie auf Bezeichnungen wie »hypoallergen« oder »sensitiv« oder entscheiden Sie sich lieber gleich für Stoffwindeln. Vielen Babys, die an Wundsein oder Ausschlag litten, konnte durch den Einsatz von Stoffwindeln geholfen werden. Diese sind atmungsaktiver als Wegwerfwindeln und frei von Chemikalien. Hier steuern Sie selbst, was an den Babypo kommt. Im Idealfall hundert Prozent Natur!

Und noch ein Grund, mit Stoffwindeln zu wickeln: Hier wird breiter gewickelt und damit gezielt die Hüftreifung des Babys unterstützt. Auch Kinderärzte empfehlen das breitere Wickeln, und das ist mit Stoffwindeln einfach möglich. Auch wenn das Hüftproblem nach einigen Monaten gelöst scheint, ist es auf jeden Fall unterstützend, auch weiterhin breit zu wickeln. Die Hüfte hört nach vier Monaten nicht auf zu wachsen, sondern entwickelt sich immer noch weiter.

## Umwelt

Sind Stoffwindeln nachhaltiger als Wegwerfwindeln? Dafür muss man, vereinfacht gesagt, drei Punkte betrachten: Müllaufkommen, Energieverbrauch und Ressourcenverbrauch.

Bei Wegwerfwindeln heißt das: 6000-mal Produktion (Energie und Ressourcen) plus Transport (in die Läden, nach Hause, zur Müllverbrennung). Bei der Verbrennung bleiben giftige Filterstäube zurück, die gesondert entsorgt werden müssen, oder die Wegwerfwindeln landen schlimmstenfalls in der Umwelt.

Dem gegenüber stehen bei Stoffwindeln rund 25-mal Produktion (Energie und Ressourcen) plus Transport (in die Läden, nach Hause) plus Waschen (Energie, Wasser, Waschmittel). Plus die Möglichkeit, die Stoffwindeln an ein anderes Baby weiterzugeben.

6000 Wegwerfwindeln gegen 25 Stoffwindeln. Sagt einem da nicht schon der gesunde Menschenverstand, dass Stoffwindeln die bessere Alternative

**Wie viele Windeln braucht ein Kind?**

- Neugeborene werden acht- bis zwölfmal am Tag gewickelt. Nehme ich zehn Stück pro Tag an, bin ich auf der sicheren Seite. Zehn Stück multipliziert mit 100 Tagen Neugeborenenzeit ergibt 1000 Windeln.
- Ein Kleinkind wird etwa drei Jahre gewickelt. Mittlerweile gibt es viele Wickelkinder, die sogar älter sind. Aber nehmen wir mal drei Jahre an. $365 \times 3 = 1095$, davon ziehen wir 100 Tage Neugeborenenwindeln ab, ergibt rund 1000 Tage.
- Ein Kind wird sicher immer morgens und vor dem Schlafengehen gewickelt. Außerdem über den Tag noch mindestens dreimal. Kein Kind sollte lange in einer vollen Windel sein, sonst wird es wund. So liege ich mit fünf Windeln pro Tag auf der sicheren Seite. Ich nehme sogar an, dass es tatsächlich mehr sind. 1000 Tage mal fünf Windeln sind 5000 Windeln.
- 1000 Windeln Neugeborenenzeit plus 5000 Windeln bis zum 3. Geburtstag ergibt 6000 Windeln. Alle Zahlen, die darunter liegen, sind meines Erachtens deshalb so stark geschönt, weil die Industrie die Kosten und den Aufwand für die Eltern möglichst gering darstellen möchte. Übrigens, die Zeitschrift »Eltern« geht auch von 6000 Windeln aus.

sind? Aber nicht nur der gesunde Menschenverstand, auch eine wissenschaftliche Untersuchung der University of Queensland in Brisbane zeigte, dass Stoffwindeln deutlich nachhaltiger sind.[2]

Der Vollständigkeit halber möchte ich noch eine Studie[3] von 2008 aus Großbritannien erwähnen, in der Wegwerfwindeln bei der Umweltbilanz knapp besser abgeschnitten haben. Diese Studie wird gerne von Stoffwindel-Skeptikern zitiert, ist jedoch in den Augen von Stoffwindel-Experten nicht aussagekräftig, da die Grundannahmen realitätsfern sind: Beispielsweise wurde angenommen, dass das Kind mit 2,5 Jahren trocken ist und einen absoluten Verbrauch an 3796 Wegwerfwindeln hat. Zur Erinnerung: Wir gehen von einem Verbrauch von 6000 Wegwerfwindeln pro Kind aus. Auch andere Grundannahmen sind nicht zutreffend.

2 O'Brien, Olive, Hsu, Morris, Bell, Kendall (2009): Life cycle assessment: Reusable and disposable nappies in Australia. Australian Life Cycle Assessment Society

3 Aumônier, Collins, Garrett (2008): An updated lifecycle assessment for disposable and reusable nappies. Environment Agency

Ökowindeln sind keine Alternative zu Stoffwindeln. Manche Ökowindel besteht nur zum Teil aus nachwachsenden Rohstoffen, nicht zu hundert Prozent, und ist nicht kompostierbar. Und selbst wenn sie kompostierbar wäre, bräuchte sie zu lange für den Kreislauf im Kompostwerk. Dann bliebe noch der eigene Komposthaufen, aber wer möchte schon 2000 volle Windeln pro Jahr in seinem Garten verrotten lassen?

Außerdem dürfen Fäkalien in Deutschland grundsätzlich nicht im Biomüll entsorgt werden, sondern gehören entweder in die Toilette oder in die Restmülltonne. Das heißt, die Ökowindel landet als Ganzes im Restmüll und wird wie eine herkömmliche Wegwerfwindel verbrannt. Allerdings sind Ökowindeln den herkömmlichen Wegwerfwindeln vorzuziehen, weil hier ein beträchtlicher Teil der Rohstoffe nachwachsend ist und aus biologischem Anbau stammt. Wenn Sie gelegentlich auf Wegwerfwindeln nicht verzichten oder auch mal Wegwerfeinlagen nutzen möchten, sind Ökowindeln die richtige Wahl.

## Kostenvergleich

Es ist nicht ganz einfach, die Kosten von Stoffwindeln und Wegwerfwindeln zu vergleichen. Denn es gibt viele Variablen dabei – zum Beispiel, welche Wegwerfwindeln Sie für den Vergleich nehmen wollen. Die billigsten vom Discounter oder die Öko-Wegwerfwindeln. Auch bei den Stoffwindeln gibt es große Preisunterschiede – je nachdem welches System man verwendet.

**So steigern Sie die Nachhaltigkeit von Stoffwindeln**

- Es wird mit einem vernünftigen Bestand an Stoffwindeln gearbeitet.
- Die Windeln werden normalerweise bei 60 °C gewaschen, nur bei Bedarf bei 90 °C.
- Es wird auch andere Wäsche in der Maschine mitgewaschen, um die Maschine besser auszulasten.
- Es wird eine energieeffiziente Waschmaschine genutzt.
- Die Stoffwindeln werden weitgehend an der Luft getrocknet.
- Die Stoffwindeln werden später auch noch von weiteren Kindern getragen.

Außerdem unterscheiden sich je nach Wohnort die Müllgebühren sowie die Kosten für Strom, Wasser und Abwasser ganz erheblich.

Ein Kostenvergleich der beiden Windelarten folgt auf den nächsten Seiten. Um meinen Vergleich auch für Skeptiker hieb- und stichfest zu machen, habe ich die Kosten für Wegwerfwindeln eher niedrig und die Kosten für die Stoffwindeln eher hoch angesetzt. Nicht in die Kalkulation eingegangen ist, dass Stoffwindeln mehrere Kinder aushalten können, dass oft »normale« Wäsche mitgewaschen wird und dass manche Windelhöschen nur bei 40 °C gewaschen werden. Außerdem kann der Anschaffungspreis gesenkt werden, wenn man die Stoffwindeln secondhand kauft.

Das Folgende sind also Modellrechnungen. Für die Wegwerfwindeln habe ich einen Kaufpreis von 20 Cent pro Windel angenommen, für die Stoffwindeln einen Gesamtpreis von 600 Euro für 25 Windeln. Die Stoffwindeln trocknen in meinem Beispiel ökologisch korrekt an der Luft und werden am Ende der Wickelzeit für 300 Euro weiterverkauft. Für den Zeitraum und die Anzahl des Wickelns bis zum Trockenwerden lege ich drei Jahre und 6000-mal Wickeln zugrunde.

Wenn ich all diese Faktoren berücksichtige, komme ich auf 1968 Euro Wickelkosten für Wegwerfwindeln und 715 Euro für Stoffwindeln. Klingt gut, oder? Im Anschluss finden Sie Gleichungen, anhand derer Sie Ihre eigenen Kosten genauer berechnen können.

## Wegwerfwindeln

### Relevante Parameter

- **ANZAHL (A):** Die Anzahl beschreibt die Zahl an Windeln, die ein Kind voraussichtlich benötigt, bis es trocken ist. Hierbei fallen in der Regel über eine Dauer von drei Jahren etwa **6000 Windeln** an.
- **PREIS PRO WINDEL (P):** Hierunter sind die Kosten für eine einzige Windel zu verstehen. Ein guter Erfahrungswert ist schwierig, da die Kosten je nach Marke variieren. Für mein Beispiel habe ich einen Preis von **0,20 Euro pro Windel** angenommen.
- **MÜLLMENGE (MM):** Die Müllmenge beschreibt den Platz in Litern, den eine benutzte Windel bei der Entsorgung in der Mülltonne beansprucht. Der beanspruchte Platz liegt bei etwa **0,8 Liter Müll pro Windel.**
- **MÜLLGEBÜHREN (MG):** Die zuständige Kommune oder der zuständige Dienstleister erhebt Gebühren für die Müllentsorgung. Diese werden in Euro pro Liter Müll angegeben und sind je nach Gemeinde unterschiedlich. In meiner Heimatgemeinde Groß-Umstadt kostet **ein Liter Müll** derzeit **0,16 Euro.**

### Berechnung

Mit diesen Parametern ist es nun einfach, die Gesamtkosten der Wegwerfwindelnutzung zu errechnen. Die Gesamtkosten setzen sich zusammen aus den Anschaffungskosten und den Kosten für die Entsorgung.

- Die **ANSCHAFFUNGSKOSTEN (AK)** errechnen sich aus dem Preis pro Windel und der insgesamt benötigten Menge:
  AK = Preis pro Windel (P) × Anzahl (A)
- Die **ENTSORGUNGSKOSTEN (EK)** setzen sich wie folgt zusammen:
  EK = Müllmenge (MM) × Anzahl (A) × Müllgebühren (MG)
- Die **GESAMTKOSTEN (GK)** ergeben sich aus Anschaffungskosten und Entsorgungskosten: GK = AK + EK

Bei Ihrer eigenen Berechnung können Sie sich an den hervorgehobenen Werten und Beträgen orientieren. Dabei ist darauf zu achten, dass vor allem der Preis pro Windel und die Müllgebühren stark variieren können. In der gegebenen Formel können Sie diese Werte durch die für Sie zutreffenden Zahlen ersetzen und die auf Sie zukommenden Kosten berechnen.

Meine Beispielrechnung für Wegwerfwindeln gestaltet sich so:

| | | | | | | | |
|---|---|---|---|---|---|---|---|
| **ANSCHAFFUNGSKOSTEN (AK)** | **P** | × | **A** | | | | |
| | 0,20 Euro | × | 6000 | | | = | 1200 Euro |
| **ENTSORGUNGSKOSTEN (EK)** | **MM** | × | **A** | × | **MG** | | |
| | 0,8 Liter | × | 6000 | × | 0,16 Euro pro Liter | = | 768 Euro |
| **GESAMTKOSTEN (GK)** | | | | | **AK + EK** | = | 1968 Euro* |

*pro Kind in drei Jahren

## Stoffwindeln

### Relevante Parameter

Die Gesamtkosten der Stoffwindeln gestalten sich etwas anders als die von Wegwerfwindeln. Da Stoffwindeln wiederverwendbar sind, entfallen die Entsorgungskosten, dafür müssen die Kosten für die Wiederaufbereitung – also die Wäsche – berücksichtigt werden.

- **ANSCHAFFUNGSKOSTEN (AK):** Die Anschaffungskosten von Stoffwindeln sind je nach System, Art und Marke unterschiedlich hoch. Mit insgesamt **600 Euro** für 25 Stoffwindeln setze ich die Kosten vergleichsweise hoch an.
- **WIEDERVERKAUFSWERT (WV):** Nach dem Trockenwerden können Stoffwindeln sehr gut wiederverkauft werden. Hierbei kann gut und gerne 80 Prozent des Kaufpreises erzielt werden. In diesem Beispiel gehe ich von 50 Prozent des Kaufpreises aus, also von **300 Euro.**
- **WINDELVLIES (V):** Als Vlieseinlage sollten über eine Wickeldauer von drei Jahren 30 Rollen genügen. In meinem Beispiel kosten diese insgesamt **150 Euro.**
- **REINIGUNGSKOSTEN:** Die Reinigungskosten setzen sich aus Wasserkosten, Stromkosten und der Waschmittelpauschale zusammen.

  - **WASSERKOSTEN (W):** Die Wasserkosten entstehen im Zusammenhang mit dem Waschen der Stoffwindeln in der Waschmaschine. Sie sind abhängig von drei Faktoren:
    - Dem **Wasserverbrauch pro Waschgang (WW),** der je nach Waschmaschine unterschiedlich ist. Meine Waschmaschine benötigt etwa **45 Liter Wasser pro Wäsche.**
    - Der **Anzahl der Wäschen (WA).** Bei 2,5 Wäschen pro Woche kommen über drei Jahre etwa **400 Wäschen** zusammen.
    - Den **Kosten für Frischwasser und Abwasser (WK).** Diese sind je nach Gemeinde unterschiedlich. Momentan liegen diese Kosten bei mir bei **4,81 Euro pro 1000 Liter** (2,21 Euro pro 1000 Liter Frischwasser und 2,60 Euro pro 1000 Liter Abwasser).

- **STROMKOSTEN (S):** Die Stromkosten für die Maschine sind ebenfalls von drei Faktoren abhängig:
  - Dem **Stromverbrauch pro Waschgang (SW).** Meine Maschine verbraucht bei 60 °C etwa **0,85 kWh pro Wäsche.**
  - Der **Anzahl der Wäschen (WA),** die bei etwa **400 Wäschen** in drei Jahren liegt.
  - Dem **Strompreis (SP).** Dieser ist je nach Anbieter unterschiedlich. Bei mir liegt er bei **0,23 Euro pro kWh** Ökostrom.

- **WASCHMITTELPAUSCHALE (WP):** Für Waschpulver oder Pads habe ich in meinem Beispiel insgesamt **100 Euro** veranschlagt.

### Berechnung

Auch hier können nun ganz einfach die Gesamtkosten errechnet werden. Bei Ihrer eigenen Berechnung können Sie sich an den hervorgehobenen Werten und Beträgen orientieren und zusätzlich Ihre eigenen Werte einsetzen. Zu beachten ist auch hier, dass manche Werte je nach Wohnort und Stromanbieter oder Standard der Waschmaschine variieren können.

Meine Beispielrechnung für Stoffwindeln gestaltet sich so:

| | | | | | | | |
|---|---|---|---|---|---|---|---|
| **ANSCHAFFUNGSKOSTEN (AK)** | | | | | | | + 600 Euro |
| **WIEDERVERKAUFSWERT (WV)** | | | | | | | – 300 Euro |
| **WINDELVLIES (V)** | | | | | | | + 150 Euro |
| **WASSERKOSTEN (W)** | **WW** | × | **WA** | × | **WK** | | |
| | 45 Liter | × | 400 | × | 4,81 Euro pro 1000 Liter | = | + 87 Euro |
| **STROMKOSTEN (S)** | **SW** | × | **WA** | × | **SP** | | |
| | 0,85 kWh | × | 400 | × | 0,23 Euro pro kWh | = | + 78 Euro |
| **WASCHMITTELPAUSCHALE (WP)** | | | | | | | + 100 Euro |
| **GESAMTKOSTEN (GK)** | | | | | | = | 715 Euro* |

*pro Kind in drei Jahren
Gesamtkosten ohne Wiederverkauf der gebrauchten Windeln: 1015 Euro

## *Kommunaler Ansatz*

Hierzulande sehen es die Städte und Gemeinden gerne, wenn sich Familien mit Kindern bei ihnen ansiedeln. Dazu werden immer wieder Anreize geschaffen, um die Kommune attraktiv für junge Familien zu machen. Ein Problem vieler Eltern von Kleinkindern sind die Mengen an Windelmüll, die bei einem oder zwei Wickelkindern anfallen. Größere Mülltonne, häufigere Leerung, zusätzliche Müllsäcke – das kann schnell ins Geld gehen. Eine Lösung sind kostenlose Müllsäcke oder Windelcontainer. Das verlagert aber nur die Kosten und löst nicht das eigentliche Problem. Deshalb gehen manche Kommunen heute schon den Weg, über Zuschüsse für Stoffwindeln oder kostenlose Starterpakete für die Eltern von Neugeborenen auf das Wickeln und die Vorteile von Stoffwindeln hinzuweisen. So können die Eltern Geld sparen und das Müllaufkommen beim Wickeln wird minimiert. Damit kann die Kommune gleich zwei wichtige Themen abdecken: Familienfreundlichkeit und Nachhaltigkeit.

Die Kosten und der Aufwand sind für die Kommune überschaubar. Ein Starterpaket im Wert von 80 bis 100 Euro pro Neugeborenes ist ein einmaliger Kostenfaktor und kann damit gut in den kommunalen Haushalt eingeplant werden. Ein solches Starterpaket ist für die Kommune deutlich günstiger als eine regelmäßig zu leerende Windeltonne oder mehrere zentrale Windelcontainer, die oft auch noch von anderen »ausgenutzt« werden.

Stoffwindel-Wickeln ist ein Ansatz für die Zukunft, am besten natürlich in Zusammenarbeit mit den örtlichen Hebammen in den Geburtsvorbereitungskursen. Dort kann in entspannter Atmosphäre gezeigt werden, dass moderne Stoffwindeln einfach in der Handhabung und gut fürs Baby sind und auch noch Kosten sparen.

Falls Ihre Kommune dieses Modell noch nicht kennt, sprechen Sie jemanden aus der örtlichen Verwaltung oder Politik an und tragen Sie Ihre Idee vor. Lassen Sie sich nicht gleich abweisen. Viele Menschen haben noch alte und falsche Vorstellungen vom Stoffwindel-Wickeln. Zeigen Sie, wie einfach und ästhetisch das heute ist. Weisen Sie auf die Vorteile für Baby, Umwelt und Geldbeutel und am Schluss auch noch für den Haushalt der Kommune hin. Vielleicht überlegt dann auch Ihre Kommune, auf diese Art noch familienfreundlicher und nachhaltiger zu werden.

Eine Textvorlage für einen Antrag auf kostenlose Starterpakete finden Sie auf: ratgeber-stoffwindeln.de

## Interview: Sawa Nordt

### Inhaberin des Ladens »GrünKind – Wickeln & Tragen«

Mein Name ist Sawa Nordt, ich habe eine Tochter, die sechs Jahre alt ist. Schon in der Schwangerschaft habe ich mir viele Gedanken gemacht, da ich selbst aus dem Bereich Chemie komme und in einem Institut gearbeitet habe, das sich mit synthetischen Polymeren beschäftigt hat. Irgendwann war mir klar: Ich möchte gerne mit Stoff wickeln. Mein Mann war am Anfang kritisch, mittlerweile ist er der größte Fan von Stoffwindeln.

Dann wurden wir oft angesprochen: »Was sind denn das für Windeln?« Viele waren überrascht, dass Stoffwindeln heute so aussehen. Schön bunt, einfach zu wickeln, schmal. Das ist uns in den Babykursen passiert, auf dem Spielplatz, eigentlich überall, wo jemand etwas von den Stoffwindeln gesehen hat. Danach kam die Idee, einen Beratungskurs zu machen, und dann hat sich nach und nach alles entwickelt. Jetzt hab ich hier in Darmstadt den Laden und bin seit drei Jahren als Stoffwindelberaterin aktiv.

### *Warum bist Du von Stoffwindeln überzeugt?*

Bei Stoffwindeln weiß ich, was an die Haut meines Baby kommt. Selbst bei Kindern mit Allergien kann ich aus dem großen Portfolio an Materialien etwas zusammenstellen, das zum Kind passt. Ich habe oft Eltern da, gerade Mütter, die selbst Neurodermitis haben, und die bekommen zum Beispiel von Wegwerfwindeln oft aufgesprungene Hände, weil diese Windeln so trocken sind. Dann leihen sie die Stoffwindeln aus und sind begeistert, weil die Hände wieder heilen.

Umwelt ist auch ein großes Thema. Ich produziere keinen oder sehr, sehr wenig Müll. Die Stoffwindel kann ich jahrelang immer wieder verwenden, das ist sicher ein großer Vorteil. Ich kann sie für mehrere Kinder nutzen, kann sie wieder verkaufen. In meinen Leihpaketen sind unter anderem Windeln von meiner Tochter enthalten, diese sind sechs Jahre alt und halten immer noch.

Die Windelwäsche fällt meines Erachtens nicht wirklich auf. Mein Mann, der anfangs so kritisch war, hat verglichen, wie viel Wasser und Strom wir verbraucht haben vor Kind, mit Kind plus Stoffwindeln und als unser Kind trocken war. Letztendlich gab es einen Unterschied, dass wir ein Kind haben, aber nicht, ob wir mit Stoffwindeln gewickelt haben. Das Waschen ist heute auch viel einfacher, ich muss nur noch einen Knopf drücken und nicht wie meine Mutter damals noch die Windeln im Extrakochtopf auskochen. Also so viel Arbeit hab ich da nicht.

### *Was schlägst Du den Eltern als Grundausstattung vor?*

Es kommt wirklich ganz auf die Eltern an, was sie möchten. Und natürlich auf das Kind, ist es pummelig oder zierlich, groß oder klein. Nicht alle Eltern wollen mit Mull wickeln, manche wollen ausschließlich All-in-One-Windeln, weil sie genau wie mit Wegwerfwindeln wickeln möchten. Dann sind sie natürlich von der Auswahl und auch vom Preis her ganz woanders. Ich habe gute Erfahrungen gemacht, wenn Eltern einen Workshop oder eine Beratung mitgemacht haben. Oder ein Testpaket ausleihen können und dann noch Unterstützung an der Hand haben, dann klappt das Stoffwindelwickeln meist gut.

# Stoffwindeln Theorie …

## One-Size-Windel oder Mehrgrößenwindel?

Auch bei Stoffwindeln hat man die Qual der Wahl: lieber einen Allrounder, der über die gesamte Wickelzeit passt, oder lieber einen Spezialisten, der genau für die jeweilige Größe optimiert ist?

### One-Size-Windeln

Diese Windeln passen ab einem Gewicht von vier Kilo bis zum Ende der Wickelzeit. Durch Druckknöpfe sind sie in der Leibhöhe verstellbar. Am Bauch wird die Windel entweder durch Druckknöpfe oder durch Klettverschlüsse geschlossen und kann auch in der Weite variiert werden. Das heißt, die Windel wird an die Größe des Kindes angepasst und passt über viele Größen hinweg. Bei kleinen Neugeborenen passen One-Size-Windeln meist noch nicht gut. In diesem Fall lieber Newborn-Größen verwenden oder die kurze Zeit mit Mullwindeln oder Bindewindeln plus Überhose überbrücken (siehe auch Seiten 75, 81 und 88).

### Mehrgrößenwindeln

Diese Windeln gibt es in unterschiedlichen Größen von Newborn (XS) bis zu einem Gewicht von etwa 20 Kilo (XL). Sie sind nicht größenverstellbar. Ist das Kind nach wenigen Wochen (XS) oder Monaten (S bis XL) aus der Windelgröße herausgewachsen, wird die nächste Größe angeschafft. Vor allem bei zarten Neugeborenen passen Mehrgrößenwindeln besser, sind auslaufsicherer und der Windelpo ist kleiner. Allerdings muss man immer wieder in eine neue Größe investieren.

One-Size-Windel (links) und Mehrgrößenwindel (rechts)

## Windelsysteme

Unter dem Oberbegriff »Stoffwindel« gibt es eine Vielzahl unterschiedlicher Systeme: Hauptsächlich unterscheidet man Komplettwindelsysteme und zweiteilige Systeme. Vielleicht möchten Sie aber auch verschiedene Systeme parallel nutzen? Beispielsweise Mullwindel plus Überhose zu Hause und in der Kita die All-in-One? Sie haben die Qual der Wahl ...

### Komplettwindelsysteme

All-in-One (AIO)

- Die AIO-Windel (auch Komplettwindel genannt) kommt der Wegwerfwindel am nächsten. Die Windel wird genauso angelegt wie eine Wegwerfwindel. Das macht sie besonders in der Kita, bei Tagesmutter, Oma, Opa und Babysitter so beliebt.
- Die nässeschützende Außenschicht und der saugende Innenteil sind miteinander vernäht und können nicht voneinander getrennt werden. Manche Saugeinlagen sind nur einseitig angenäht, so kann man sie vor dem Waschen herausziehen und so die Trocknungszeit verkürzen.
- Die AIO ergibt einen schlanken Windelpo.

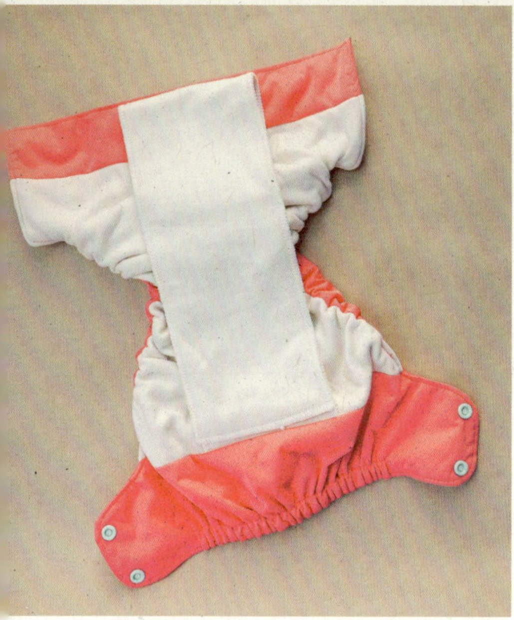

All-in-One (AIO)

- AIO-Windeln sind üblicherweise bis 60 °C waschbar.
- Bei vielen AIO-Windeln sind Zusatzeinlagen möglich, zum Beispiel für die Nacht oder wenn das Kind größer wird.
- AIO gibt es mit Klettverschluss oder Druckknöpfen. Man kann sie als One-Size-Windel oder als Mehrgrößenwindel kaufen.

All-in-Two (AI2)

- AI2-Windeln sind zweiteilige Windelsysteme, die aus einer Saugeinlage und einer nässeschützenden Überhose bestehen. Die Einlage wird dabei in die Überhose gelegt, geklettet oder geknöpft.
- AI2-Windeln sind so einfach in der Handhabung wie AIO-Windeln, die Überhose muss aber nicht jedes Mal mitgewaschen werden. So fällt weniger Wäsche an. Selbst wenn beide Windelteile gewaschen werden, hat man kürzere Trocknungszeiten als bei AIO-Windeln.
- Die Saugeinlagen können flexibler gewählt werden als bei der AIO. Gerade bei Vielpinklern oder für die Nacht ist das praktisch.
- Die Überhosen sind in der Regel aus PUL und bis 60 °C waschbar.

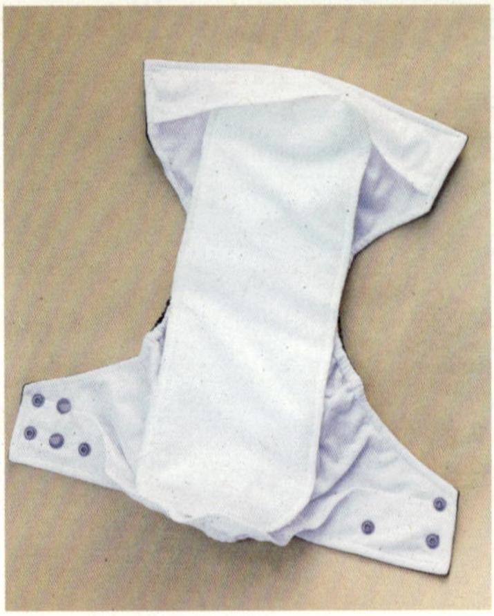

Snap-in-One (SIO) ↗

↙ All-in-Three (AI3)

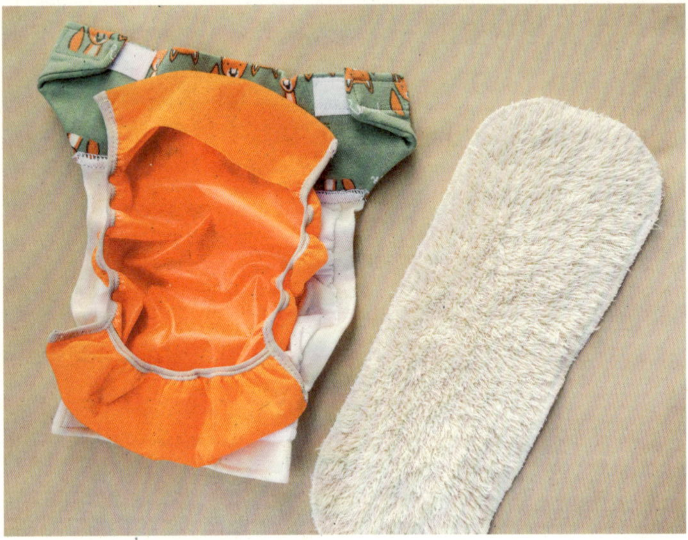

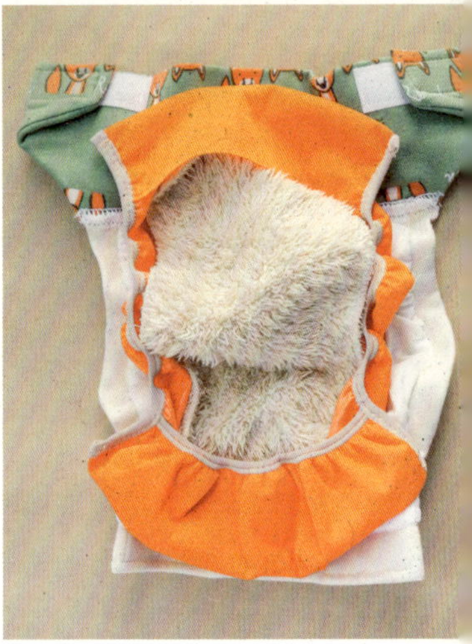

↙ Pocketwindel

### Snap-in-One (SIO)

- Die SIO-Windel ist eine AI2, bei der Überhose und Saugeinlage mit Snaps (Druckknöpfen) miteinander verbunden werden.
- Die Saugeinlage sitzt sehr sicher.
- Saugeinlage zum Ein-Snappen und Überhose sind nur von derselben Marke kompatibel. Andere Saugeinlagen wie Prefold, Mullwindel oder Waschlappen können lose eingelegt werden.

### All-in-Three (AI3)

- Die AI3 ist ein dreiteiliges System aus einer Außenwindel aus Stoff, einer nässeschützenden Innenwindel (Pouch, Wanne) aus wasserdichtem PUL oder gefetteter Wolle und einer Saugeinlage.
- Die Innenwindel wird mit Druckknöpfen in die Außenwindel geknöpft.
- Die Innenwindel kann mehrfach wiederverwendet werden, bis sie verschmutzt ist oder unangenehm riecht. Dann wäscht man sie und knöpft eine neue Innenwindel in die Außenwindel. So muss die Außenwindel nur sehr selten gewaschen werden. Die Saugeinlage muss natürlich nach jedem Wickeln in die Wäsche.
- Der Aufwand für Waschen und Trocknen ist geringer als bei einer AIO-Windel.
- Es sind unterschiedliche Einlagen verfügbar.
- AI3-Windeln gibt es in der Regel nur als Mehrgrößenwindeln.

### Pocketwindel

- Eine Pocketwindel besteht aus einer wasserfesten Außenwindel (PUL), die innen mit Stoff ausgekleidet ist. In diesen Stoff ist eine Tasche (Pocket) eingearbeitet, in die die Saugeinlagen geschoben werden.
- Neben den extra für diese Windel angebotenen Saugeinlagen aus unterschiedlichen Materialien können auch Mullwindeln, Prefolds, Waschlappen und Ähnliches verwendet werden.
- Sowohl Außenwindel als auch Einlagen müssen nach jedem Windelwechsel gewaschen werden. Dafür wird die schmutzige Saugeinlage aus der Außenwindeltasche gezogen.
- Pocketwindeln lassen sich einfacher waschen und trocknen schneller als AIO-Windeln.

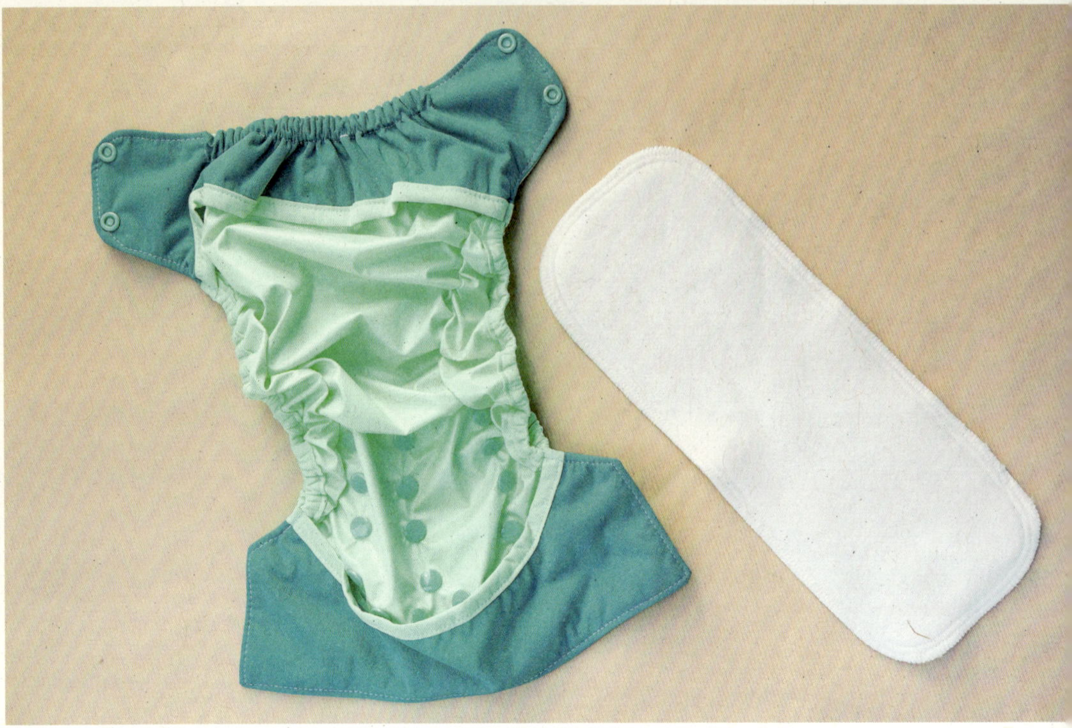

Überhose aus PUL

## Zweiteilige Systeme

### Überhose

- Alle Stoffwindeln, die selbst keinen Nässeschutz haben, brauchen zusätzlich eine Überhose. Materialien für Überhosen sind PUL, gefettete Wolle (gestrickt oder gewalkt) oder Fleece.
- Überhosen gibt es als Windel mit Klettverschlüssen oder Druckknöpfen, als Schlupfüberhose oder als Longie (wie eine Leggins).
- Ein komplettes Windelsystem entsteht erst zusammen mit einem saugenden Bestandteil wie Höschenwindel, Saugeinlage, Prefold, Mullwindel, Bindewindel oder Ähnlichem.
- Die Saugeinlage muss nach jedem Wickeln gewaschen werden, die Überhose nur nach Bedarf.
- Erhältlich sind Überhosen als One-Size-Windel und Mehrgrößenwindel

Überhosen aus Wolle

Mullwindel

- Mullwindeln sind kostengünstig und können in der Babypflege vielseitig eingesetzt werden: als Windel, gefaltet als Saugeinlage, als Wickelunterlage, Spucktuch und noch vieles mehr.
- Sie wird zusammen mit einer Überhose, zum Beispiel aus Wolle oder PUL, gewickelt, da die Mullwindel selbst nicht nässeschützend ist.
- Mullwindeln sind aus Baumwolle und können sehr heiß gewaschen werden. Sie trocknen schnell, da die aufgefaltete Windel ganz dünn ist.
- Sie eignen sich sehr gut zum Wickeln von Neugeborenen und Frühchen, da sie gut anpassbar, weich und anschmiegsam sind. Hier hat sich besonders die Faltung »Dreieck mit Steg« bewährt (siehe Seite 76 ff.). Bei sehr kleinen Babys und kurzen Wickelintervallen geht es auch ohne Einlage.

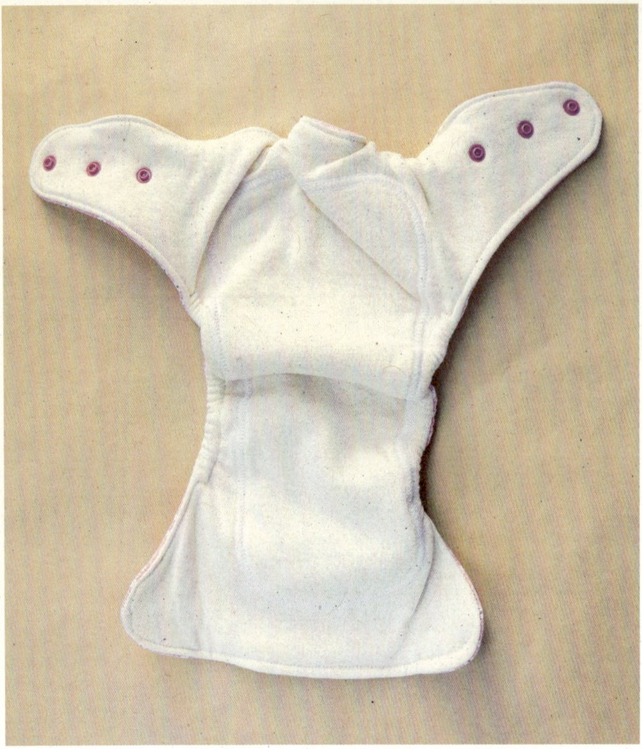

↖ Höschenwindel

Konturwindel mit Snappi ↘

### Höschenwindel

- Eine Höschenwindel besteht komplett aus einem saugenden Material.
- Sie wird immer(!) zusammen mit einer nässeschützenden Außenwindel oder Überhose getragen, da sie selbst keinen Nässeschutz hat.
- Durch die hohe Saugleistung sind Höschenwindeln vor allem für nachts, den Mittagsschlaf oder lange Fahrten gut geeignet.
- Höschenwindeln für den Tag sind weniger saugstark als solche für die Nacht.
- Manche Höschenwindeln haben Taschen für zusätzliche Einlagen. Oder zusätzliche Einlagen werden einfach in die Höschenwindel eingelegt.
- Höschenwindeln tragen oft etwas mehr auf als andere Systeme.
- Sie haben eine längere Trocknungszeit, da sie aus mehreren miteinander vernähten Schichten bestehen.
- Erhältlich sind sie als One-Size-Windel und Mehrgrößenwindel.

### Konturwindel

- Die Konturwindel ist eine einfache Windel aus zwei saugenden Schichten mit Flügeln an den Seiten, die einfach übereinandergeschlagen werden.
- Vereinfacht gesagt, ist eine Konturwindel eine Höschenwindel ohne eigenen Verschluss. Sie wird entweder von der Überhose oder von Snappis (Windelklammern, siehe Seite 60) gehalten. Dadurch lässt sie sich auch sehr individuell an die Größe des Kindes anpassen.
- Bei manchen Modellen sind zusätzliche Saugeinlagen eingenäht oder es ist eine Tasche zum Einschieben von Saugeinlagen vorhanden.
- Die Konturwindel gibt es mit oder ohne Gummizug an den Beinabschlüssen oder im Rücken.
- Die Windel lässt sich einfach waschen und sie trocknet schnell, da sie auseinandergefaltet werden kann.
- Ergibt einen schlanken Windelpo.
- Braucht immer eine nässeschützende Überhose oder Außenwindel.
- Erhältlich ist als One-Size-Windel oder Mehrgrößenwindel.

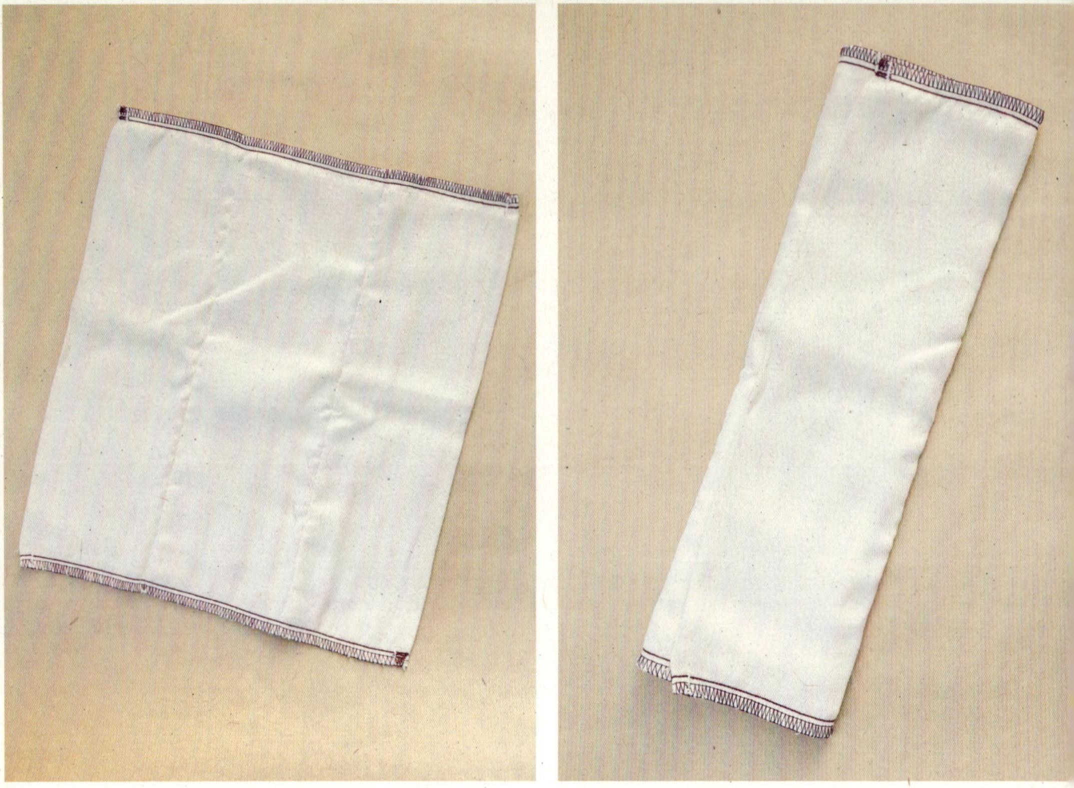

Prefold

## Prefold

- Ein Prefold ist ein meist quadratisches, mehrlagig vernähtes Stoffstück, dessen mittlerer Bereich noch einmal mit einer Saugschicht verstärkt ist (»prefold«: englisch »vorgefaltet«). Prefolds können im Ganzen ums Kind gewickelt und mit Snappis festgehalten oder gefaltet als Saugeinlagen verwendet werden.
- Prefolds lassen sich einfach waschen und trocknen schnell.
- Nur zusammen mit einer Überhose, zum Beispiel aus Wolle oder PUL, wickeln, da Prefolds selbst nicht nässeschützend sind.

## Strickbindewindel

- Die Strickbindewindel besteht aus elastisch verstrickter Baumwolle. In Kombination mit einer nässeschützenden Überhose und eventuell einer Saugeinlage ergibt sie ein komplettes Windelsystem.
- Die Strickbindewindel wird mit zwei langen angenähten Bändchen geschlossen. Da sich diese Bändchen gerne beim Waschen verheddern, sollte man Strickbindewindeln besser im Wäschenetz waschen oder die Bänder einfach als Schlaufe zusammenlegen. Ansonsten lassen sie sich einfach waschen und trocknen schnell.
- Wickeln mit Bindewindeln ist nicht jedermanns Sache, da das Wickeln etwas Übung erfordert. Für Kita und Babysitter ist es nur bedingt geeignet. Wer sich allerdings erst einmal damit vertraut gemacht hat, schwört oft darauf.

Strickbindewindel

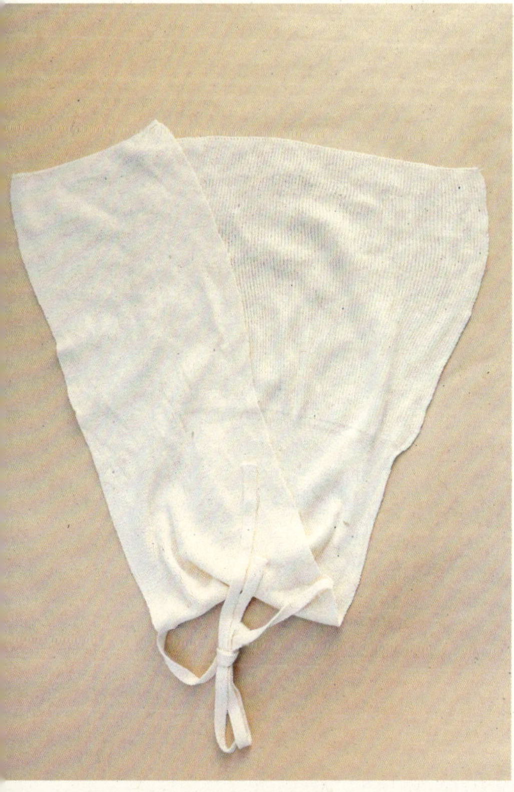

↖ Trainer

← Schwimmwindel

↓ Hybridwindel

## Sonstige Systeme

### Trainer

- Trainerhöschen sind als Unterstützung beim Trockenwerden gedacht. Sie haben eine eingenähte oder einknöpfbare Saugeinlage, falls doch noch mal ein kleineres Malheur in die Hose geht.
- Trainerhöschen sind meist wie eine Unterhose geschnitten. Das Kind kann sie selbständig herunterziehen und auf die Toilette gehen.
- Trainerhöschen sind keine Windeln. Größere Mengen an Urin und Stuhl können damit nicht aufgefangen werden.

### Schwimmwindel

- In Schwimmbädern sind Windeln für Kleinkinder Vorschrift. Das soll hauptsächlich verhindern, dass Kot ins Becken gelangt und das Badewasser aus hygienischen Gründen komplett ausgetauscht werden muss.
- Schwimmwindeln wurden extra für diesen Zweck entwickelt. Sie haben nur ganz dünne oder gar keine Saugeinlagen.
- Flexible Beinbündchen und ein hautfreundliches Innenfutter machen die Schwimmwindel angenehm zu tragen. Die wasserdichte Außenschicht hält Stuhl sicher in der Windel.
- Meist trocknen Schwimmwindeln schnell, da sie sehr dünn sind und über keinen Saugkern verfügen.
- Schwimmwindeln sehen sehr niedlich aus ...

### Hybridwindel

- Die Hybridwindel ist eine Mischung aus Stoffwindel und Wegwerfwindel. In ein Stoffwindel-System (zum Beispiel AI3, Überhose) wird als Saugeinlage eine Wegwerfeinlage gelegt, die nach dem Wickeln über den Restmüll entsorgt wird.
- Einige Hersteller werben damit, dass die Wegwerfeinlage auf den eigenen Kompost kann. Das funktioniert nur in Ausnahmefällen (siehe auch Seiten 24 und 52). Meist besteht die Einlage aus einer Papierschicht mit Zellulose und zum Teil Superabsorber.
- Als Kompromiss für Babys ersten Stuhl (Mekonium) oder für den Urlaub.

### Windelfrei-Minimalwindel

- Beim Konzept »Windelfrei« wird das Baby schon sehr früh über ein kleines Töpfchen abgehalten. Zur Sicherheit trägt das Kind zwischendurch trotzdem eine Windel, falls es mit dem Abhalten mal nicht klappen sollte. Windelfrei setzt eine besondere Kommunikation und Vertrautheit mit dem Baby voraus. Die Eltern erfahren über bestimmte Laute oder Verhaltensweisen des Kindes, wann es muss.
- Die Windelfrei-Minimalwindel ist ein einfaches System, das ein rasches Abhalten des Kindes möglich macht. Die Windel besteht aus einer Art Stoffgürtel, der um den Bauch des Babys gelegt wird, und einer Art Lasche, die um den Babypo herum und zwischen den Beinen hindurch geführt wird und nur an den Gürtel geknöpft wird. Die Lasche selbst hat einen Nässeschutz. Eine Saugeinlage wird separat eingelegt.

Windelfrei-Minimalwindel

# Saugeinlagen

Saugeinlagen werden in **Überhosen eingelegt** oder als **zusätzliche Saughilfe** in anderen Systemen verwendet. Je nach Material (siehe ab Seite 53), Verarbeitung, Form und Stärke saugen sie unterschiedlich viel und unterschiedlich schnell Flüssigkeit auf.

- Eine breite Saugeinlage saugt mehr als eine schmale, eine dickere mehr als eine dünne.
- Auch die **Beschaffenheit der Oberfläche** ist entscheidend: Hochflorige Saugeinlagen halten Stuhl, vor allem Muttermilchstuhl, besser als glatte.
- Reagiert ein Baby **empfindlich auf Nässe,** wählt man eine Saugeinlage, die schnell aufsaugt und sich dann wieder trocken anfühlt. Oder man legt als oberste Schicht ein Trockenfleece auf.
- **Booster** sind besonders starke Saugeinlagen, die vor allem für die Nacht oder für Vielpinkler genommen werden.
- Sie können auch **zwei oder mehr Saugeinlagen** miteinander kombinieren und so ganz an die Bedürfnisse des Kindes anpassen. Achten Sie aber darauf, dass der Windelpo nicht zu dick wird und das Baby damit im Hohlkreuz liegen würde.
- Oft bestehen Saugeinlagen aus einem **Materialmix,** zum Beispiel aus Hanf plus Baumwolle, um die positiven Eigenschaften verschiedener Materialien zu kombinieren. Sie können aber auch aus unterschiedlichen Materialschichten wie Mikrofaser/Bambusviskose bestehen.
- Saugeinlagen müssen vor Gebrauch **eingewaschen** werden, um ihre volle Saugkraft zu erreichen. Zwischen den Waschgängen immer vollständig trocknen lassen. Nach dem dritten Einwaschen kann man sie bereits benutzen, die volle Saugkraft ist nach dem zehnten Waschen erreicht. Es ist völlig normal, dass Saugeinlagen beim Waschen etwas eingehen.
- Neben den im Handel angebotenen Saugeinlagen können auch Einlagen aus **kleinen Handtüchern** oder **Waschlappen** in die Windel eingelegt werden. Auch Mullwindeln, Prefolds, Strickbindewindeln, Höschenwindeln und Konturwindeln sind im weiteren Sinn Saugeinlagen.

Hochfloriges Fleece, Trockenfleece und Windelvlies

## Vlies und Fleece

### Windelvlies

Viele schreckt vorab der Gedanke, beim Stoffwickeln mit Kot in Berührung zu kommen. Dagegen kann man aber ganz leicht etwas tun: Zwischen Saugeinlage und Babypo wird ein Windelvlies eingelegt, das den Stuhl auffängt, die Windel möglichst sauber und die Babyhaut trocken hält. So kann der Kot leicht entsorgt werden, in der Windel landet lediglich der Urin. Das ist überhaupt nicht eklig und der Aufwand beim Waschen bleibt so auch überschaubar.

Bei festem Kot schütteln Sie das Vlies über der Toilette aus und werfen den Rest in den Mülleimer. Oder Sie werfen gleich das ganze Vlies samt Inhalt in den Restmüll, insbesondere bei weichem Kot. Ist das Vlies nur vollgepinkelt, können Sie es in die Wäsche geben und wiederverwenden.

Das Windelvlies wird immer an die Windel angepasst, es kann leicht entsprechend gefaltet werden. Achten Sie darauf, dass es nicht aus der Windel herausguckt, damit keine Nässebrücken entstehen und nichts ausläuft. Kaufen Sie Vlies aus rein pflanzlichen, vollständig biologisch abbaubaren Materialien, am besten in Bioqualität. Meist wird es auf Rollen angeboten. Achten Sie darauf, dass es frei von Parfüm, Chemikalien und Färbemitteln ist. Es gibt weichere und festere, dünnere und dickere Vliese.

In sehr seltenen Fällen kann es vorkommen, dass ein Kind das Windelvlies nicht so gut verträgt. Probieren Sie dann eine andere Marke aus.

Windelvlies wird auch gerne als preiswerter Feuchttuchersatz genommen.

## Trockenfleece

Trockenfleece oder Stay-dry-Fleece ist eine Alternative zum Windelvlies. Auch hier soll Kot aufgefangen werden, daneben hält es – wie der Name sagt – auch die Haut schön trocken.

Fester Kot wird bei Trockenfleece ebenfalls über der Toilette ausgeschüttelt. Das Fleece ist aber bei 60 °C in der Waschmaschine waschbar und somit wiederverwendbar. Es ist erhältlich entweder als flauschiger Stoff, der zum Beispiel sehr gut den recht flüssigen Muttermilchstuhl aufnimmt, oder in der eher glatten Version, die gerne für Nachtwindeln genommen wird. Trockenfleece besteht aus Polyester und wird nach Gebrauch einfach in der Waschmaschine mitgewaschen. Verwenden Sie dafür (und für andere synthetische Materialien) einen speziellen Wäschesack (zum Beispiel Guppyfriend®), der beim Waschen das Mikroplastik zurückhält.

## Woll-Liner

Woll-Liner sind wiederverwendbare Einlagen aus Wolle. Sie werden wie das Trockenfleece auf die Saugeinlage oder den Saugkern der Stoffwindel gelegt und leiten die Nässe von der Haut weg. So bleibt die Babyhaut schön trocken. Woll-Liner werden bei sehr empfindlicher Babyhaut oder wundem Po eingesetzt. Auch empfehlenswert, wenn ein Kind erst nach einigen Monaten neu mit Stoffwindeln gewickelt wird. Das erleichtert den Übergang. Woll-Liner werden im Wollwaschprogramm oder von Hand gewaschen.

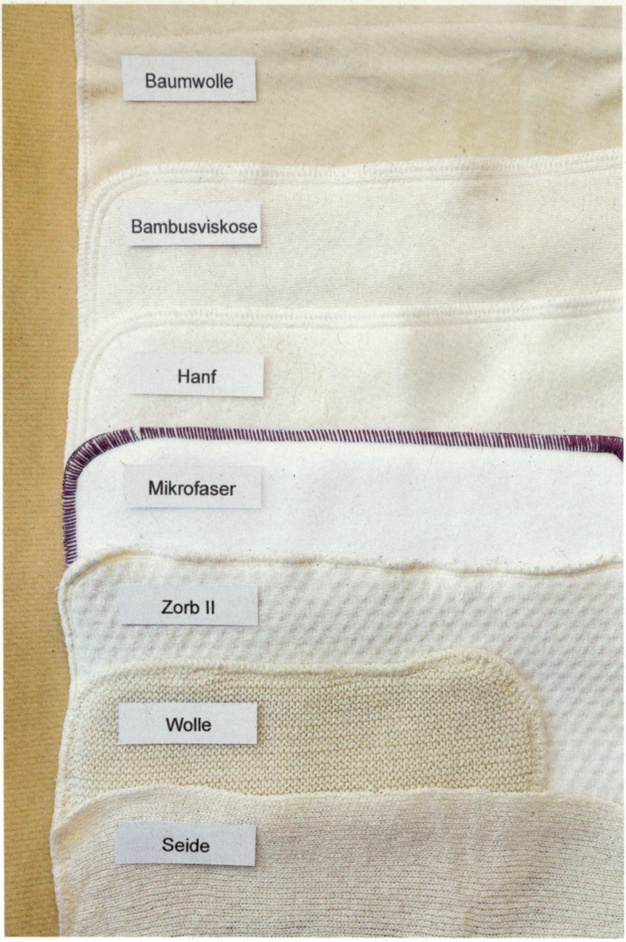


**Achtung: Rohrverstopfung möglich!**

Auch wenn viele Windelvliese damit beworben werden, dass sie sowohl über die Toilette als auch über die Biotonne entsorgt werden können, rate ich ausdrücklich von beidem ab. Windelvlies ist tatsächlich komplett biologisch abbaubar. Allerdings ist die Verweildauer in der Kompostierungsanlage zu kurz, das Vlies ist nach dieser Zeit nicht vollständig abgebaut. Auch in der Toilette hat Windelvlies nichts zu suchen. Die Fasern sind relativ reißfest verarbeitet. Man kann es sogar in der Waschmaschine mitwaschen, ohne dass es kaputt geht. Anders als Toilettenpapier bleibt das Vlies am Stück und kann entweder schon im Haus oder später in der Kanalisation zu einer Rohrverstopfung führen. Feuchttücher verursachen übrigens die gleichen Probleme, diese bitte auch nur über den Restmüll entsorgen.

# Materialien

## Baumwolle

Baumwolle ist eine sehr robuste und langlebige Faser. In Form von Mullwindeln, Prefolds, Saugeinlagen oder in Systemwindeln gehört sie zu den meistverwendeten Materialien bei Stoffwindeln. Sie kann zu einem eher glatten oder rauen Stoff, zu Frottee, Molton oder durch eine spezielle Webart zu besonders saugfähigem Birdseye verarbeitet werden.

Baumwolle ist hautfreundlich und hat ein sehr geringes Allergiepotenzial. Sie ist weich, atmungsaktiv, sehr strapazierfähig und pflegeleicht, außerdem biologisch abbaubar. Baumwolle kann viel und schnell Nässe aufnehmen und speichert sie auch gut. Sie ist waschbar bis 90 °C, unempfindlich gegenüber Waschmitteln und kann auch im Wäschetrockner getrocknet werden. Beim Waschen geht sie etwas ein. Saugeinlagen aus Baumwolle müssen mehrfach vorgewaschen werden, bis sie ihre volle Saugleistung entfalten.

Angebaut wird Baumwolle in den Tropen und Subtropen. Der konventionelle Anbau geht mit einem hohen Wasserverbrauch sowie dem Einsatz von Pestiziden und Entlaubungsmitteln einher. Das führt dazu, dass auch in der verarbeiteten Faser noch Schadstoffe enthalten sein können. Kontrolliert biologisch angebaute Baumwolle kommt ohne Kunstdünger, Pestizide und Entlaubungsmittel aus, gentechnisch verändertes Saatgut ist nicht erlaubt. Der Wasserverbrauch ist je nach Anbausystem und Baumwollsorte unterschiedlich, er kann ebenso hoch sein wie bei konventionellem Anbau oder vernachlässigbar gering. Trotzdem ist diese Baumwolle eindeutig besser für die Gesundheit der Feldarbeiter, die Umwelt und die Verbraucher. Deshalb sollte bei Stoffwindeln darauf geachtet werden, nur Baumwolle aus kontrolliert biologischem Anbau zu verwenden.

## Bambusviskose

Bambusviskose ist ein sehr weicher, leicht glänzender Stoff, der wärmeausgleichende und antibakterielle Eigenschaften besitzt. Er kann glatt, aufgeraut oder als Frottee verarbeitet werden. Da Bambusviskose von

Natur aus weniger robust ist als Baumwolle, wird sie meist mit anderen Materialien wie Baumwolle, Hanf oder Polyester kombiniert. Für Stoffwindeln werden daraus Saugeinlagen, Prefolds, Höschenwindeln und die Innenauskleidung von Systemwindeln gemacht.

Bambusviskose kann bis 60 °C gewaschen und im Trockner getrocknet werden. Beim Waschen geht sie etwas ein. Saugeinlagen müssen mehrfach vorgewaschen werden, bis sie ihre volle Saugleistung entfalten.

Bambus – der hier die für Viskose erforderliche Cellulose liefert – gehört zu den besonders schnell wachsenden Pflanzen und kann sehr nachhaltig ohne Einsatz von Dünger oder Pestiziden angebaut werden. Aus den Pflanzen wird in einem aufwendigen chemischen Umwandlungsprozess die Bambusviskose hergestellt. Bambusviskose ist also eine Regeneratfaser, keine Naturfaser. Die Herstellung von Viskosefasern benötigt überdurchschnittlich viel Energie und Wasser. Chemikalien in den Abwässern können die Umwelt teils stark belasten, je nach Herstellbetrieb und Prozess.

## Hanf

Stoffe aus Hanf haben viele gute Eigenschaften: Sie sind für empfindliche Haut und Allergiker besonders gut geeignet, haben antibakterielle Eigenschaften, wirken temperatur- und feuchtigkeitsregulierend, sind robust und strapazierfähig. Stoffe aus Hanf sind biologisch abbaubar.

Besteht der Stoff zu hundert Prozent aus Hanf, ist er oftmals ziemlich steif, deshalb wird Hanf für Stoffwindeln oft in Kombination mit anderen Fasern wie Baumwolle oder Bambusviskose verwendet. Dann eignet er sich sehr gut als Saugeinlage oder Höschenwindel für die Nacht. Hanf kann sehr viel Urin aufnehmen und auch gut speichern. Da er nicht so schnell saugt, sollte Hanf bei empfindlicher Haut nicht als oberste Schicht eingesetzt werden. Hanfstoff kann bis 90 °C gewaschen werden und ist unempfindlich gegenüber Waschmitteln. Er kann in den Wäschetrockner, hierbei wird der Stoff sogar weicher als beim Trocknen an der Luft. Saugeinlagen aus Hanf gehen bei der Wäsche etwas ein und müssen mehrfach vorgewaschen werden, bis sie ihre volle Saugleistung entfalten.

Hanf ist eine schnell wachsende, unempfindliche Pflanze, die im Erwerbsanbau keine Düngemittel, Pestizide oder Herbizide erfordert. Die

Pflanze benötigt deutlich weniger Wasser zum Wachsen als Baumwolle und ist ein Bodenverbesserer. Hanf ist daher quasi von Natur aus »bio«. Die Fasern für die Textilproduktion werden aus den Stängeln der Pflanze gewonnen, oft in Deutschland oder Europa hergestellt und weiterverarbeitet.

## Wolle

Wolle ist eine tierische Faser und wird durch das Scheren von Schafen und anderen Tieren gewonnen. Wolle hat erstaunliche Eigenschaften: Sie ist hautfreundlich, gleicht Temperatur und Feuchtigkeit aus, ist atmungsaktiv, schmutz- und wasserabstoßend, bis zu einem gewissen Grad selbstreinigend, wiederverwendbar und komplett biologisch abbaubar. Ist das Wollfett (Lanolin) noch in der Wolle enthalten oder wieder zugesetzt, wird die Wolle dadurch feuchtigkeitsabweisend, was man sich beispielsweise bei Wollwindelhöschen gerne zunutze macht. Wenn bei empfindlicher Haut Schurwolle und Merinowolle nicht vetragen werden, kann man es mit Wolle von anderen Tieren versuchen, die manchmal besser verträglich ist, oder man wählt ein anderes Material wie Baumwolle.

Für Stoffwindeln wird Wolle, hier meist Merinowolle, zu Wollüberhosen (Schlupf oder mit Verschluss), Woll-Linern und Heilwolle verarbeitet. Sie muss von Hand oder im Wollwaschgang gewaschen und nachgefettet werden (siehe ab Seite 120).

Achten Sie auch hier auf Qualität: Die Schafe sollten artgerecht gehalten werden, ohne Einsatz von Pestiziden, Insektiziden, Chemikalienbädern oder Mulesing. (Mulesing bedeutet, dass dem Schaf ohne Betäubung größere Hautstücke rund um den Schwanz herausgeschnitten werden, um den Befall mit Fliegenmaden zu verhindern.) Wolle für Ihr Kind sollte eines der folgenden Zertifikate besitzen (siehe auch ab Seite 65): kbT (kontrolliert biologische Tierhaltung), IVN zertifiziert BEST oder GOTS organic (Global Organic Textile Standard). RWS (Responsible Wool Standard) ist zwar ein Standard für die Tierhaltung (unter anderem ist Mulesing verboten), sagt jedoch nichts über die verwendeten Chemikalien aus.

Viele Schäfereien und Bauernhöfe bieten gute Wollqualität, verzichten aber auf diese aufwendigen Zertifizierungen und verkaufen ihre Wolle deshalb ohne Siegel. Hier muss man sich selbst schlau machen.

## Seide

Seide ist besonders gut hautverträglich, temperaturausgleichend und fördert den Heilungsprozess der Haut. Als Bourretteseiden-Einlage ist sie wohltuend bei wundem Babypo und gereizter Haut.

Waschen Sie Bourretteseide von Hand oder (im Wäschenetz) im Schonwaschgang bis 30 °C. Nicht im Trockner oder in der Sonne trocknen. Verwenden Sie am besten ein spezielles Waschmittel für Seide, auch Wollwaschmittel sind weniger gut geeignet. Herstellerangaben beachten!

Seide ist eine tierische Faser, die aus den Kokons der Seidenraupe gewonnen wird. Neben Seide aus konventioneller Herstellung gibt es solche aus kontrolliert biologischer Tierhaltung. Dabei liegt der Unterschied vor allem in der ungespritzten Nahrung für die Raupen. Darüber hinaus gibt es Seide, für die sich die Raupen in den Kokons verpuppen und nach etwa zwei Wochen als Falter schlüpfen können. Meist werden die Puppen im Unterschied dazu durch heißen Wasserdampf getötet. Kontrolliert biologische Tierhaltung beinhaltet auch bessere Arbeitsbedingung für die Produzenten. Die für Stoffwindeleinlagen verwendete Bourretteseide wird aus den Restfasern verarbeitet, die an den Kokons zurückbleiben. Sie ist etwas gröber, aber trotzdem hundert Prozent Seide mit all ihren Vorzügen.

## Mikrofaser

Mikrofaser ist eine synthetische Faser, die je nach Verarbeitung unterschiedliche Funktionen hat. Als **Saugeinlage** glatt oder hochflorig verarbeitet, nimmt sie gut Flüssigkeiten auf. Hier muss man allerdings beachten, dass dieser Stoff auf die Haut austrocknend wirken kann und deshalb nicht direkt an der Haut getragen werden sollte. Ob das so ist, lässt sich meist einfach feststellen: indem man die trockene Saugeinlage anfasst, ob sie sich rau anfühlt. Mikrofaser ist als saugende Schicht saugstark und saugschnell, gibt aber auf Druck die Flüssigkeit leicht wieder ab.

Als **Mikrofleece** glatt oder hochflorig verarbeitet, entsteht eine nässedurchlässige Schicht, die als oberste Schicht die Haut trocken hält, ohne sie auszutrocknen. Das macht man sich bei Trockenfleece zunutze. Hochfloriges Mikrofleece hält Muttermilchstuhl gut an Ort und Stelle.

Zu einer anderen Art **Fleece** verarbeitet, wird dagegen ein Stoff daraus, der nässeschützend und atmungsaktiv ist und sich gut für Überhosen oder als äußere Schicht einer Systemwindel eignet. Diese Art Fleece kennt man auch von Outdoor- und Funktionsbekleidung.

Mikrofaser ist bis 60 °C waschbar. Vermeiden Sie Waschmittel auf Seifenbasis sowie Sauerstoffbleiche. Mikrofaser ist nur bedingt für den Trockner geeignet, Herstellerangabe beachten.

## Zorb II™

Zorb II™ ist eine synthetische Faser aus Viskose, Polyester und Baumwolle, die in den USA speziell für Stoffwindeln entwickelt wurde. Sie kann sehr viel und sehr schnell Flüssigkeit aufnehmen und speichert diese auch sehr gut. Zudem ist sie atmungsaktiv und hautfreundlich.

Zorb II™ kann bis 60 °C gewaschen werden und bleibt dauerhaft angenehm weich, beim Waschen geht es zehn bis 20 Prozent ein. Bitte verwenden Sie keine Waschmittel mit optischen Aufhellern oder Enzymen. Der Stoff ist für den Trockner geeignet, trocknet aber auch schnell an der Luft.

## Tencel™ Lyocell

Tencel™ Lyocell ist der Markenname der Lenzing AG für den Faserstoff Lyocell. Als Rohstoff dient Cellulose vor allem aus Eukalyptusholz aus nachhaltiger Forstwirtschaft. Eukalyptus ist schnell wachsend und benötigt dafür weder Bewässerung noch Pestizide. Die Produktion der Faser erfolgt in einem umweltschonenden Kreislauf, der Wasserbedarf beträgt nur ein Bruchteil dessen, was für Baumwollfaser nötig ist.

Trotz der industriellen Herstellung gilt Lyocell als Naturfaser. Der Stoff ist antibakteriell, wärmeregulierend und atmungsaktiv. Feuchtigkeit nimmt er sehr gut auf und gibt sie schnell wieder ab. Dadurch und durch seine glatte, weiche Oberfläche ist er auch sehr hautfreundlich.

Tencel™ Lyocell kann bis 60 °C gewaschen werden und ist unempfindlich gegenüber Waschmitteln. Bei Stoffwindeln sind Lyocell-Stoffe meist mit PUL (siehe Seite 58) beschichtet, deshalb sollten hier die Wasch- und Trocknerempfehlungen für PUL eingehalten werden.

### PUL

PUL (Polyurethane laminated) ist ein mit Polyurethan beschichteter Stoff, meist Polyesterjersey oder Lyocell / Tencel™ Lyocell. PUL wird oft als nässeschützender Teil einer Stoffwindel verwendet, beispielsweise als Überhose oder als Außenschicht einer Systemwindel. Obwohl er gut die Nässe abhält, ist er atmungsaktiv und lässt ausreichend Luft an den Babypo.

PUL gibt es auch mit CPSIA-Zertifikat, einer US-amerikanischen Sicherheitsnorm, die Blei, Bisphenol A oder Phtalate in Produkten für Babys und Kleinkinder ausschließt.

Qualitativ hochwertiges PUL ist bis 60 °C waschbar, gelegentlich sogar bis 90 °C (Herstellerangaben beachten). Verwenden Sie ein Wäschenetz und achten Sie darauf, dass keine scharfkantigen Gegenstände, die den Stoff verletzen könnten, mitgewaschen werden. Da PUL in der Regel hitzeempfindlich ist, sollte der Stoff weder im Trockner noch in der prallen Sonne oder an der Heizung getrocknet werden.

## *Verschlüsse*

### Klettverschlüsse

Windeln mit Klettverschlüssen sind genauso leicht zu öffnen und zu schließen wie Wegwerfwindeln. Gerade wenn die Klettleiste am Bauch recht lang ist, kann die Windel fein justiert werden und sehr einfach am Bauch »mitwachsen«. Klett ist einfach in der Handhabung. Vor allem in der Kita oder bei sehr zappeligen Kindern ist das von Vorteil.

Vor dem Waschen die Klettverschlüsse mit Gegenkletts (innen an der Windel) sichern, sodass sie sich in der Waschmaschine nicht mit anderen Textilien verhaken. Klettverschlüsse neigen etwas schneller zum Verschleißen als Druckknöpfe. Hat sich ein Klettverschluss zugesetzt, kann man ihn mit einem Bürstenreiniger sauber kratzen. In seltenen Fällen können Klettverschlüsse am Bauch scheuern. Ist das Kind schon etwas älter, kann es die Klettverschlüsse leichter als andere Verschlüsse selbst aufmachen.

Verschlüsse: Snappi, Klett, Bändel und Druckknöpfe (von rechts im Uhrzeigersinn)

## Druckknöpfe, Snaps

Druckknöpfe, auch Snaps genannt, sind pflegeleicht in der Wäsche, sie brauchen keine Vorbereitung wie Gegenklett oder Ähnliches. Sie bleiben lange schön. Gerade wenn man die Windeln wieder verkaufen will, ist das ein Argument.

Mitwachsende One-Size-Windeln ermöglichen mit Druckknöpfen auch das Mitwachsen in der Leibhöhe. Beim Öffnen der Windel nicht einfach am Druckknopf ziehen, sondern den unteren Stoff etwas gegenhalten, damit nichts ausreißt. Daran hat man sich aber schnell gewöhnt.

Bei Druckknöpfen sind die Einstellungen vorgegeben. Das kann gut oder schlecht sein. Gut ist, dass beispielsweise in der Kita die Windel nicht zu fest gewickelt wird. (Decken Sie die freien Druckknöpfe mit einem Gegenstück ab. Diese Snaps finden Sie in Kurzwarengeschäften.) Schlecht ist, dass manchmal die gewünschte Größe genau zwischen den möglichen Einstellungen liegt.

## Windelklammern, Snappis

Für Windeln ohne eigenen Verschluss wie Mullwindeln oder Konturwindeln gibt es die Windelklammer, meist Snappi genannt (siehe Foto Seite 59 und Seite 85). Ein Snappi besteht aus dehnbarem, ungiftigem Kunststoff, ist T-förmig und hat an allen drei Enden kleine Haken, die sich fast von selbst in die Stoffoberfläche einkrallen. Diese Windelklammern halten sicher bei Mull, Frottee und gestricktem Stoff. Bei glatten Stoffen wie Jersey können sie sich nicht richtig festkrallen. Im Gegensatz zur Sicherheitsnadel sind Snappis völlig sicher.

Nach dem Anlegen der Windel sichern Sie den Halt, indem Sie den Snappi erst links einhaken, ein wenig ziehen, rechts einhaken und zum Schluß über dem Schritt fixieren. Der Snappi hat nun eine weite Y-Form angenommen. Die Snappis nicht am äußeren Ring ziehen, sondern am gesamten äußeren Oval. Bei Nichtbenutzung den Ring so zu den kleinen Haken klappen, dass er vor diesen zu liegen kommt und schützt.

Vor dem ersten Gebrauch die Snappis einige Male leicht in alle Richtungen ziehen. Snappis nicht in die Waschmaschine geben, um andere Textilien nicht zu schädigen. Es reicht aus, die Snappis bei Bedarf mit heißem Wasser und etwas Seife zu waschen

## Bändel

Bändel gibt es nur noch an den Strickbindewindeln. Mit ihnen kann die Windel sehr flexibel in der Weite geschlossen werden. Beim Waschen verheddern sich die Bändel sehr leicht und die Wäsche ist dann nur schwer auseinanderzubekommen. Das kann man leicht verhindern, indem man die Bändel einfach zu einer Schlaufe zieht oder die Bindewindeln in einem Wäschesack wäscht.

## Ausstattung

Wie viele Stoffwindeln brauche ich? Eine Frage, die nicht einfach zu beantworten ist, denn es kommt auf viele Faktoren an:

- Welches System wird verwendet? Wie alt ist das Kind?
- Ist das Kind ein Vielpinkler? Schwallpinkler? Wie oft hat es Stuhlgang?
- Wie oft wird gewickelt? Wie oft kann und will ich waschen?
- Welche Möglichkeiten habe ich zum Trocknen?
- Wie viel Puffer möchte ich haben?

Wer die Möglichkeit hat, ein Testpaket zu mieten, kann erst einmal ausprobieren, welches Stoffwickelsystem ihm am besten liegt. Das ist einfacher und günstiger als teure Fehlkäufe, über die man sich ärgert und die einem die Lust am Stoffwickeln vermiesen können. Auch eine Stoffwindelberatung ist gut angelegtes Geld! Ansonsten am Anfang erst einmal nur wenig kaufen und dafür lieber häufiger waschen. Passt ein System gut zu Ihnen, können Sie immer noch aufstocken. Was nicht gut gefällt, kann man wieder verkaufen. Viele Shops bieten Komplettpakete an, mit denen man ausreichend Stoffwindeln bekommt. Auch sonst gibt es manchmal günstige Angebote.

## Neugeborene

Neugeborene werden acht- bis zwölfmal am Tag gewickelt. Wenn Sie alle zwei bis drei Tage waschen, brauchen Sie je nach gewähltem System entsprechend viele Windeln.

Bei AIO-Windeln, bei denen immer die ganze Windel in die Wäsche muss, geht man von 30 Windeln aus. Eine gute Lösung für Neugeborene sind Überhosen in kleiner Größe plus Saugeinlagen. Nehmen Sie für kleinere Babys die Überhose in Neugeborenengröße, davon brauchen Sie dann fünf bis acht Stück. Als Saugeinlagen eignen sich Mullwindeln, Prefolds oder einfach Waschlappen. Insgesamt sollten Sie davon 30 Stück haben. Ein paar extra Booster für die Nacht schaden auch nicht, obwohl das Baby wahrscheinlich auch nachts noch gewickelt werden muss.

Nach wenigen Wochen ist das Baby groß genug für die nächste Größe oder es passt in eine Mehrgrößenwindel hinein.

## Ab dem 3. Lebensmonat bis zum Ende der Wickelzeit

Die folgenden Vorschläge gelten für ein Kind ab dem 3. Monat bis zum Ende der Wickelzeit, das sechs- bis achtmal am Tag gewickelt wird. Gewaschen wird alle zwei bis drei Tage. Ihr Bedarf kann natürlich davon abweichen.

- **AIO-Windeln und Pocketwindeln**

Hier muss immer die gesamte Windel in die Wäsche.

| | Für nachts empfehle ich zusätzlich: |
|---|---|
| 25 Windeln | 4 Höschenwindeln |
| 20 separate Einlagen / Booster | 2 Überhosen |

- **AI2-Windeln und SIO-Windeln**

Hier muss nicht immer die gesamte Windel in die Wäsche, manchmal ist nur die Einlage schmutzig.

| | Für nachts empfehle ich zusätzlich: |
|---|---|
| 20 – 25 Windeln samt Einlagen | 4 Höschenwindeln |
| 20 separate Einlagen / Booster | 2 Überhosen |

- **AI3-Windeln**

Die Außenhülle ist bei AI3-Windeln selten verschmutzt, deshalb benötigt man davon nur sehr wenig. Auch die Innenwannen müssen nicht so häufig gewaschen werden.

| |
|---|
| 4 Außenhüllen |
| 8 Innenwannen |
| 20 Einlagen |
| 10 Booster |

| Für nachts empfehle ich zusätzlich: |
|---|
| 4 Höschenwindeln |
| 2 Überhosen |

- **Überhosen plus eingelegte Saugeinlagen**

| |
|---|
| 5 – 7 Überhosen aus PUL oder Wolle |
| 25 Einlagen oder Booster |
| 25 größere Einlagen wie Prefolds oder Mullwindeln |

- **Überhosen plus um das Kind gelegte Saugeinlagen**

| |
|---|
| 4 – 5 Überhosen aus PUL oder Wolle |
| 25 Prefolds, Mullwindeln oder Bindewindeln |
| 25 Einlagen oder Booster |
| 2 – 3 Snappis |

- **Höschenwindeln (nur für die Nacht)**

| |
|---|
| 4 Höschenwindeln |
| 2 Überhosen aus PUL oder Wolle |

- **Höschenwindeln (komplett für Tag und Nacht)**

| | |
|---|---|
| 24 Höschenwindeln für den Tag | 4 Höschenwindeln für die Nacht |
| 6 Überhosen aus PUL oder Wolle | |

- **Konturwindeln**

| | |
|---|---|
| 24 Höschenwindeln für den Tag | 4 Höschenwindeln für die Nacht |
| 6 Überhosen aus PUL oder Wolle | |
| 2 – 3 Snappis | |

# *Kauf und Wiederverkauf*

## Stoffwindeln kaufen ...

Neue Stoffwindeln finden Sie in **Läden vor Ort,** oft in Kombination mit Tragebedarf. Hier können Sie in Ruhe alle Modelle angucken, anfassen und sich beraten lassen. Auch im **Internet** finden Sie Websites mit einem guten Angebot an Stoffwindeln (siehe auch ab Seite 140).

Während der **Deutschen Stoffwindelwoche** beziehungsweise der **Real Nappy Week** bieten viele Händler Rabatte. Weil die Vorteile der Stoffwindeln – wie Müllreduzierung, weniger Rohstoffverbrauch und weniger Transportwege, weniger Plastik und weniger Zusatzstoffe – so gut zum Earth Day am 22. April passen, findet die Deutsche Stoffwindelwoche um diesen Tag herum statt. Aber auch sonst gibt es immer mal wieder günstige Angebote.

Gebrauchte Stoffwindeln kann man noch selten auf **Babybasaren** kaufen. Wenn Sie auf der Suche danach sind, müssen Sie etwas kreativ werden: Machen Sie einen Aushang in der **Kita,** fragen Sie in örtlichen **Krabbelgruppen** oder schauen Sie in **Kleinanzeigen.** Eine gute Website für gebrauchten Babybedarf aller Art, inklusive Stoffwindeln, ist die Seite **Mamikreisel.de.** Auch verschiedene Communitys im Internet befassen sich intensiv mit dem Thema Stoffwindeln.

Ich empfehle, bei Stoffwindeln unbedingt auf **gute Qualität** und **Schadstofffreiheit** zu achten. Babys sind noch weitaus sensibler gegenüber kritischen Substanzen und sollten gerade im Windelbereich, wo der Stoff lange anliegt, nicht damit konfrontiert werden. Auch Umweltschutz und Nachhaltigkeit sollten in Ihre Kaufüberlegungen mit einfließen.

Billigwindeln, zum Beispiel aus China, sind meist das, was der Name sagt: billig. Sowohl die Stoffe als auch ihre Verarbeitung lassen oft stark zu wünschen übrig. Greifen Sie lieber zu hochwertigen Stoffwindeln, Ihrem Kind und der Umwelt zuliebe!

## … und wiederverkaufen

Gebrauchte Stoffwindeln erzielen beim Wiederverkauf gute Preise. Über einschlägige Internetportale, wie Mamikreisel, Ebay, Ebay Kleinanzeigen, und vor Ort auf einem Babybasar können Sie Ihre gebrauchten Stoffwindeln anbieten. Vielleicht findet sich auch im Bekannten- und Freundeskreis ein Abnehmer.

Es versteht sich von selbst, dass die Stoffwindeln frisch gewaschen und in einem guten Zustand sein müssen. Verfilzte Wollhöschen, ausgerissene Snaps, starke Flecken – nur einige Beispiele dafür, wie es nicht sein sollte. Geben Sie Auskunft darüber, wie lange und wie häufig die Stoffwindeln genutzt wurden.

Wenn Sie die Stoffwindeln übers Internet anbieten, stellen Sie kleine Pakete zusammen, so können Versandkosten gespart werden.

### Internationale Standards für Stoffe

Diese Standards sind international anerkannt und Wegweiser zum guten Produkt.

- kbA (kontrolliert biologischer Anbau): Bei der Produktion wird auf Gentechnik, auf mineralische Kunstdünger, chemische Pestizide sowie auf Wachstumsregulatoren und Mastmittel für Nutztiere verzichtet. Zudem dürfen bei der Weiterverarbeitung keine künstlichen Farbstoffe verwendet werden. Baumwolle aus kbA unterliegt zusätzlichen Zertifizierungen, wie Einhaltung bestimmter Sozialkriterien und fairer Preisgestaltung.
- kbT (kontrolliert biologische Tierhaltung): Das meint artgerechte Tierhaltung mit artgerechter, biologisch einwandfreier Fütterung ohne gentechnisch veränderte Futtermittel oder Masthilfen. Verzicht auf Pestizide und Insektizide, sowohl an den Tieren als auch dort, wo sie grasen. Die Weiden, auf denen die Tiere grasen, dürfen nicht künstlich gedüngt sein. Den Tieren muss eine natürliche Fortpflanzung möglich sein, Kupieren (Kürzen von Schwanz, Ohren oder Schnäbeln) und Mulesing (Entfernen der Haut im Schwanzbereich bei Wollschafen) sind verboten.

*Fortsetzung folgende Seite*

- GOTS (Global Organic Textile Standard): Standard für die Verarbeitung von Textilien aus zertifiziert biologisch erzeugten Naturfasern. Mindestens 70 Prozent der Fasern müssen biologisch angebaut sein. Bei GOTS organic sogar 95 Prozent mit strengeren Umweltauflagen und sozialen Anforderungen. Beim Anbau von Baumwolle werden keine Pestizide oder Substanzen eingesetzt, die umweltschädlich oder gesundheitsschädlich sind. Es werden nur natürliche Dünger verwendet und die Baumwolle wird ohne Entlaubungsmittel gepflückt. Problematische Substanzen wie giftige Schwermetalle, Formaldehyd, aromatische Lösungsmittel, Chlorphenole oder bestimmte Halogenverbindungen sind im gesamten Produktionsprozess verboten.
- IVN zertifiziert BEST (Internationaler Verband der Naturtextilwirtschaft): Das zurzeit strengste Siegel hinsichtlich Nachhaltigkeit von Textilien betrachtet die gesamte Kette vom Anbau der Fasern bis zum fertigen Textil. Die Grenzwerte für bestimmte Substanzen orientieren sich an denen des GOTS, wobei noch mehr Chemikalien verboten sind. Nur Naturfasern aus 100 Prozent kontrolliert biologischem Anbau werden zertifiziert, Regeneratfasern (wie Bambusviskose) oder Synthetikfasern (wie PUL) sind ausgeschlossen oder nur für bestimmte Zutaten erlaubt. Alle Betriebe müssen bestimmte Sozialstandards einhalten.
- Standard 100 by Oeko-Tex: Ein weltweit einheitliches, unabhängiges Zertifizierungssystem für Textilien aller Verarbeitungsstufen sowie verwendete Zubehörmaterialien, die frei sind von einer Vielzahl an Giftstoffen und problematischen Substanzen. Babykleidung ist am strengsten reglementiert. Allerdings macht dieses Label zu Anbau und Produktionsbedingungen keine konkreten Vorgaben und bleibt damit hinter GOTS und IVN zertifiziert BEST zurück.
- STeP by Oeko-Tex (Sustainable Textile Production): Zertifiziert alle Verarbeitungsstufen der Textilproduktion in Bezug auf nachhaltige Anforderungen.
- Made in Green by Oeko-Tex: Der umfassendste Nachhaltigkeits-Standard der Oeko-Tex-Familie. Die Schadstoffgrenzen im Produkt entsprechen dem Standard 100 by Oeko-Tex, die Anforderungen an die gesamte Herstellungskette dem STeP by Oeko-Tex. Greenpeace zählt Made in Green by Oeko-Tex zu den strengsten Siegeln.
- Bluesign: Betrachtet die gesamte Herstellungskette von Textilien vor allem aus Synthetikfasern, zum Beispiel Outdoor-Kleidung oder auch nässeschützende Stoffe. Bietet Positiv-Listen (zum Beispiel für fluorfrei wasserabweisende Stoffe) und Negativ-Listen mit kritischen oder verbotenen Chemikalien und Grenzwerten.

## Stoffwindelberatung

Dieses Buch ist ein verlässliches Nachschlagewerk zu Stoffwindeln im Allgemeinen. Was ein Buch aber nicht leisten kann, ist eine individuelle Beratung, die genau Sie und Ihr Kind, Ihre Lebensumstände, Ihr Budget und Ihren gesamten Alltag berücksichtigt. Auch die Gesamtheit aller Stoffwindelmarken und aller Hersteller mit ihren Besonderheiten kann ein Buch nicht abdecken. Dafür gibt es Stoffwindelberaterinnen, die in einem Workshop oder Einzelgespräch auf Ihre Bedürfnisse eingehen. Vor Ort können Sie die unterschiedlichen Stoffwindeln ansehen, bekommen Antworten auf Ihre Fragen und können sich vielleicht sogar Ihr persönliches Wunschpaket zusammenstellen. Eine solche Beratung ist erschwinglich und erleichtert Ihnen den Start mit den Stoffwindeln.

Viele Stoffwindelberaterinnen vermieten auch Testpakete. Damit kann man erst einmal ausprobieren, welches Windelsystem einem am besten liegt, und vermeidet teure Fehlkäufe. Die Testpakete für Neugeborene sind dabei besonders praktisch, weil man damit über die ersten Wochen

wickeln und dann gleich eine größere Größe kaufen kann. Adressen von Stoffwindelberaterinnen finden Sie im Internet oder auf der Website zu diesem Buch: ratgeber-stoffwindeln.de

## Wie werde ich Stoffwindelberaterin?

Damit eine Stoffwindelberatung erfolgreich verläuft, wird im deutschsprachigen Raum seit 2013 eine Ausbildung zur Beraterin von den »Stoffwindelexperten« angeboten. Die Ausbildung besteht aus zwei Komponenten: einem fachlichen Teil und einem Praxis- und Netzwerkteil. Die Ausbildung ist familiengerecht in einem Blended-Learning-Format aufgebaut (Integriertes Lernen).

Den fachlichen Teil kann die angehende Beraterin flexibel online von zu Hause aus absolvieren. Dabei wird sie durch wöchentliche Aufgaben und Fragen zum Lernen motiviert. Lernvideos vermitteln das grundlegende Wissen über Stoffwindelsysteme, Falttechniken, Materialien und das Waschen und Pflegen. Ein Forum ermöglicht den Austausch mit anderen Teilnehmerinnen.

Der Praxis- und Netzwerkteil wird als Praxistag absolviert, an dem sich die Teilnehmerinnen persönlich kennenlernen. Sie haben dort die Gelegenheit, eine große Auswahl an Stoffwindeln zu begutachten und Fachfragen zu klären. Es wird ein Einstieg in das Beraterinnendasein gemacht und Hilfestellung zur Existenzgründung gegeben. Da dieser Tag oft erst der Start in eine Beratertätigkeit ist, stellen sich viele Fragen im Anschluss. Hierfür ist die Community der ausgebildeten Beraterinnen besonders wichtig, um sich im vertrauten Kreise kollegial zu helfen. Hinter jeder Stoffwindelberatung steht deshalb nicht nur das Wissen der Beraterin selbst, sondern auch das gebündelte Wissen des Beraterinnen-Netzwerks: www.stoffwindelexperten.de

# Windeldienst

Ein Windeldienst, auch Windelservice genannt, ist ein Dienstleistungsunternehmen, das Stoffwindeln zur Verfügung stellt. Die sauberen Windeln werden in der Regel einmal wöchentlich frei Haus geliefert und dabei auch die schmutzigen Windeln abgeholt.

Den saugenden Innenteil leihen die Familien dabei vom Windelservice aus. Hier hat man die Auswahl zwischen Mullwindeln, Bindewindeln, Prefolds und Höschenwindeln aus Baumwolle, weil diese Faser robust, pflegeleicht, langlebig und gewöhnlich gut vertragen wird. Die Windeln werden vom Windelservice entweder mit bestimmten Waschmitteln oder bei 90 °C gewaschen und sind danach hygienisch einwandfrei. Je nach Windelservice bekommen die Familien über die gesamte Wickelzeit immer wieder »ihre« Windeln. Die nässeschützenden Überhosen aus Wolle oder Mikrofasern werden meist selbst angeschafft und zu Hause bei Bedarf gewaschen.

Ein Windeldienst muss bestimmte Hygienerichtlinien und andere gesetzliche Auflagen einhalten. In Deutschland und der Schweiz fällt das Waschen von Stoffwindeln unter die Krankenhausrichtlinien, in Österreich unterliegt dies den Richtlinien der ÖGHMP (Österreichische Gesellschaft für Hygiene, Mikrobiologie und Präventivmedizin). Bei der Reinigung in der Zentralwäscherei werden effiziente Maschinen und ein ökologisches Baukastensystem bei Waschmitteln eingesetzt. Somit können der Verbrauch an Energie und Wasser sowie die Abwasserbelastung niedrig gehalten werden. Hinzu kommen allerdings die Kosten für den Transport.

Natürlich hat der Service seinen Preis, aber ein Windelservice ist ein guter Kompromiss für alle Eltern, die ihr Baby gesund und umweltfreundlich wickeln möchten, die Arbeit des Waschens aber nicht leisten wollen oder können. Das ist so ähnlich wie beim Essengehen, auch da bezahlt man in der Regel mehr, als wenn man selbst kocht. Windeldienste gibt es in den USA seit etwa 1940, in Europa seit etwa 1990. Leider sind Windeldienste bei uns noch nicht sehr verbreitet. Schauen Sie im Internet oder fragen Sie bei Ihrer Kommune oder dem Jugendamt nach.

## Interview: Christiane Schweitzer

### Lehrerin an einer Schule für Erzieherinnen und Erzieher

Mein Name ist Christiane Schweitzer. Ich arbeite als Lehrerin in der Ausbildung von Erzieherinnen und Erziehern an der Berufsschule.

***Was lernen Erzieherinnen und Erzieher zum Thema Wickeln?***

Zum Wickeln lernen Erzieherinnen und Erzieher zunächst, dass es sehr viel Zeit braucht, mit dem Kind im Prozess der Pflege beziehungsvoll umzugehen und das Kind immer zu begleiten.

### *Gibt es gesetzliche Vorgaben?*

Vom Gesetz her müssen die Erzieherinnen und Erzieher wissen, dass die Eltern entscheiden dürfen, in welcher Form ihr Kind gewickelt wird.

Wir haben in Deutschland ein Pflichtrecht, das heißt, die Eltern haben die Pflicht, auf das Kindeswohl zu achten, und sie haben das Recht auf Erziehung. Das Wickeln gehört zum Erziehungsrecht, von daher dürfen die Eltern entscheiden, was sie für ihr Kind möchten. Gleichwohl denke ich, dass es in Krippen zu Diskussionen darüber kommen kann. Da sollten die Eltern sehr gut vorbereitet sein und die Krippe überzeugen.

In Deutschland ist der Elternwille durch das Grundgesetz und das Sozialgesetzbuch SGB VIII geregelt, sodass Eltern fordern können, dass ihr Kind mit Stoffwindeln gewickelt wird.

### *Welche Hygienevorschriften gelten in der Kita?*

In der Kita gelten üblicherweise die Hygienevorschriften des jeweiligen Gesundheitsamtes, die zum Teil sehr unterschiedlich ausgelegt werden.

Eigene Vorschriften gelten für die Umgebung: Wo wird das Kind gewickelt, wie wird es gewickelt, wie begleitet? Es muss gute Wickelmöglichkeiten geben und dann ist es letztendlich erst mal egal, ob mit Stoffwindeln oder Wegwerfwindeln gewickelt wird.

Bei Stoffwindeln gibt es ja sehr einfache Systeme, die auch einfach zu wickeln sind. Die Krippen sind im Verhältnis mit so viel Personal ausgestattet, da ist eingerechnet, dass Pflege einen großen Teil im Tagesablauf einnimmt. Deshalb dürfte der Zeitaspekt überhaupt nicht störend sein. Aber die Eltern können unterstützen, indem sie gutes Material vorhalten. Übrigens könnte das Wickeln mit Stoffwindeln ein Qualitätsmerkmal für eine Kita sein, beispielsweise wenn die Kita damit wirbt, den ökologischen Fußabdruck möglichst gering halten zu wollen.

# … und Stoffwindeln Praxis

## Richtig wickeln

Wickeln Sie in Ruhe und wickeln Sie mit Liebe. Falls Sie am Anfang noch unsicher sind: Das ist völlig normal. Sie werden sehr schnell an Sicherheit gewinnen. Zeigen Sie das Wickeln auch allen anderen Personen, die das Kind betreuen.

Achten Sie darauf, dass der **Windelpo nicht zu dick** wird und das Kind nicht im Hohlkreuz liegt. Stoffwindeln sind von Natur aus etwas dicker als Wegwerfwindeln, sollten aber nicht mit zu vielen Zusatzeinlagen gestopft werden. Wenn Sie Ihr Kind gerne **breit wickeln** möchten, um die Hüftreifung zu unterstützen, falten Sie die Saugeinlage einfach etwas breiter. Bei Neugeborenen wird die Windel alle zwei bis drei Stunden, später alle drei bis vier Stunden oder nach Bedarf **gewechselt.** Sie bekommen bald ein Gefühl dafür, wann der nächste Windelwechsel nötig ist.

### Komplettwindelsysteme

Dazu gehören die All-in-Ones, All-in-Twos, All-in-Threes und die Pocketwindeln. Diese Windeln werden ähnlich wie eine Wegwerfwindel angelegt.

Die Windel immer vor dem Wickeln so weit vorbereiten, dass sie direkt verwendet werden kann. Dazu die Windel »stopfen« und bei Mehrgrößenwindeln die Leibhöhe entsprechend einstellen. Gegebenenfalls eine zusätzliche Einlage und / oder ein Windelvlies einlegen.

Das Baby auf die Windel legen und den vorderen Teil der Windel hochklappen. Komplettsysteme sitzen in der Regel am Bauch etwas niedriger als Wegwerfwindeln, deshalb beim Wickeln **nicht zu hoch anlegen.** Die Windel würde sonst beim Tragen wieder nach unten rutschen und an den Beinbündchen weniger gut schließen. Klettverschlüsse oder Druckknöpfe so schließen, dass die Windel **nicht zu eng** sitzt. Am Bauch soll ein Finger noch gut unter das Bündchen passen. Die Verschlüsse an beiden Seiten **gleich einstellen,** nicht rechts enger als links oder umgekehrt.

Die Beinbündchen in die Beinfalte schieben, die Windel für einen besseren Sitz vorne leicht zusammendrücken. Darauf achten, dass die **Bündchen dicht abschließen,** die Beine aber trotzdem Bewegungsfreiheit haben.

## Überhose plus eingelegte Saugeinlage

Dazu gehören Überhosen aus PUL oder Wolle sowie als Saugeinlagen gefaltete Mullwindeln oder Prefolds, gekaufte Einlagen oder Waschlappen. Schlupfüberhosen sind hierfür nicht gut geeignet, da die Saugeinlage leichter verrutschen kann.

Die Saugeinlagen gegebenenfalls falten und in die Überhose legen. Nach Bedarf eine zusätzliche Einlage und / oder ein Windelvlies einlegen. Das kann schon vor dem Wickeln gut vorbereitet werden. So haben Sie eine fertige Windel, die genau wie ein Komplettsystem gewickelt wird.

## Überhose plus um das Kind gelegte Saugeinlage

Dazu gehören Überhosen aus PUL oder Wolle, dazu als Saugeinlage eine Höschenwindel, Konturwindel, Mullwindel oder ein Prefold, die um das Baby gelegt werden.

Mullwindeln oder Prefolds als Saugeinlage vorbereiten (siehe ab Seite 76). Höschenwindeln und Konturwindeln müssen nicht extra vorbereitet werden. Gegebenenfalls eine zusätzliche Einlage und / oder ein Windelvlies einlegen. Das kann schon vor dem Wickeln geschehen.

Das Baby auf die (vorbereitete) Saugwindel legen und diese schließen. Eventuell mit einem Snappi fixieren. Die Überhose anlegen. In diesem Fall können sowohl Schlupfüberhosen als auch andere Überhosen verwendet werden.

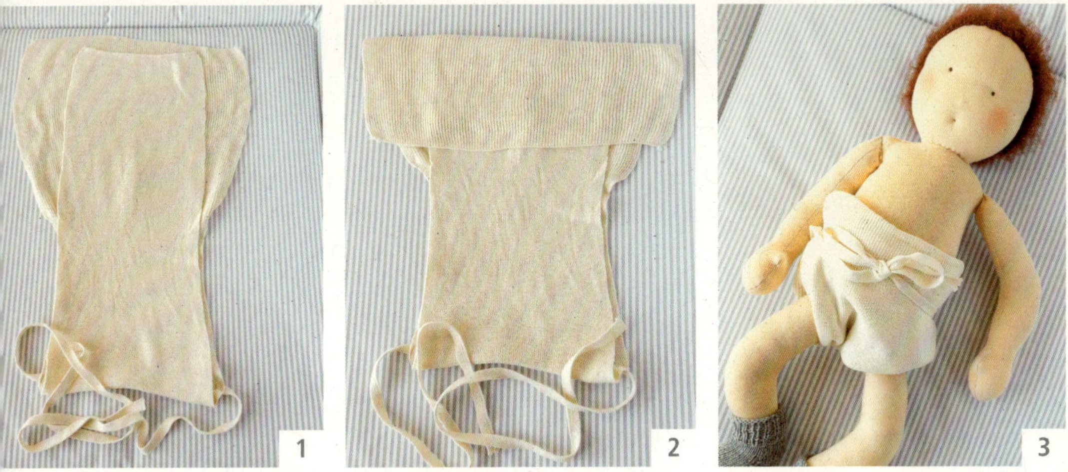


Strickbindewindel anlegen

### Überhose plus Strickbindewindel

- Die Strickbindewindel in Höhe der Bänder halbieren, sodass sie doppelt liegt (1). Die Seite mit den Bändern ist Ihnen zugewandt. Da die Strickbindewindel selbst nicht so viel Saugkraft besitzt, wird eine Einlage aufgelegt.
- Jetzt kann die Strickbindewindel noch in der Höhe angepasst werden, indem die obere Seite entsprechend umgefaltet wird (2).
- Das Kind auf die Windel legen. Die Seitenflügel eng um das Kind falten, den Steg nach oben schlagen. Die Bänder jeweils unter dem Kind hindurchführen und vorne zu einer Schleife binden. Die Beinausschnitte nach innen falten, um eine Barriere zu schaffen (3).
- Die Überhose anlegen. In diesem Fall können sowohl Schlupfüberhosen als auch andere Überhosen verwendet werden.

# Saugwindeln falten und anlegen

## Mullwindeln falten und anlegen

Mullwindeln sind preiswert und praktisch. Sie lassen sich bis 90 °C waschen und trocknen schnell. Gerade in den ersten Wochen mit dem Baby sind sie eine gute Möglichkeit, das Baby einfach, kostengünstig und gut zu wickeln. Mullwindeln werden immer zusammen mit einer Überhose aus Wolle oder PUL verwendet.

Achten Sie beim Kauf auf eine dicke, griffige Qualität, nach Möglichkeit aus Baumwolle aus kontrolliert biologischem Anbau. Es gibt Mullwindeln in unterschiedlichen Größen von 60 × 60 cm, 70 × 70 cm, 80 × 80 cm oder noch größer. Auch als Unterlage zum Wickeln oder im Kinderwagen und Bettchen sind Mullwindeln bestens geeignet.

### Faltvariante 1: Mullwindel als Dreieck mit Steg

Sie können diese Windel gut vorbereiten, indem Sie sie fertig falten, Windelvlies oder Fleece-Liner einlegen und dann wie beim Wickeln zusammenlegen. Dann ab damit in die Wickelkommode. So können Sie abends in wenigen Minuten schon den Tagesbedarf fertigstellen und sind dann beim Wickeln ganz entspannt.

- Die Mullwindel flach ausbreiten (1).
- Die beiden oberen Ecken nach unten falten (2).
- Die beiden rechten Ecken nach links falten (3, 4).
- Jetzt wird es ein bisschen tricky: An der linken unteren Ecke nur die oberste Stofflage nehmen und ganz nach rechts ziehen, sodass ein Dreieck entsteht (5, 6), dabei die anderen Stofflagen der unteren linken Ecke mit einer Hand etwas festhalten (7). Wir haben nun ein Dreieck und links darunter ein Quadrat (8).

*Fortsetzung siehe Seite 79*

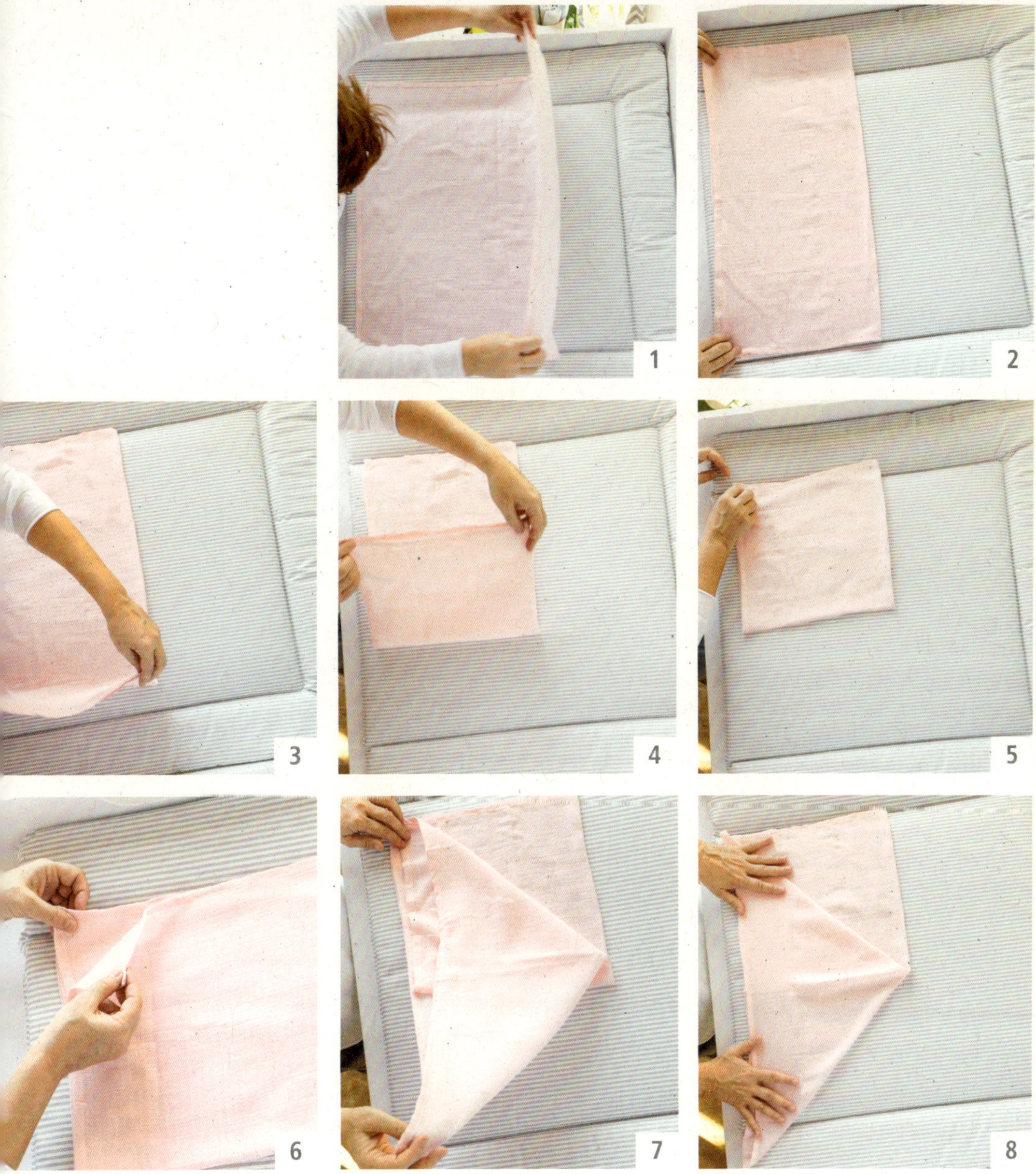


Mullwindel falten: Faltvariante »Dreieck mit Steg«
Schritte 1 bis 8, Fortsetzung folgende Seite

Mullwindel falten: Faltvariante »Dreieck mit Steg«
Schritte 9 bis 16

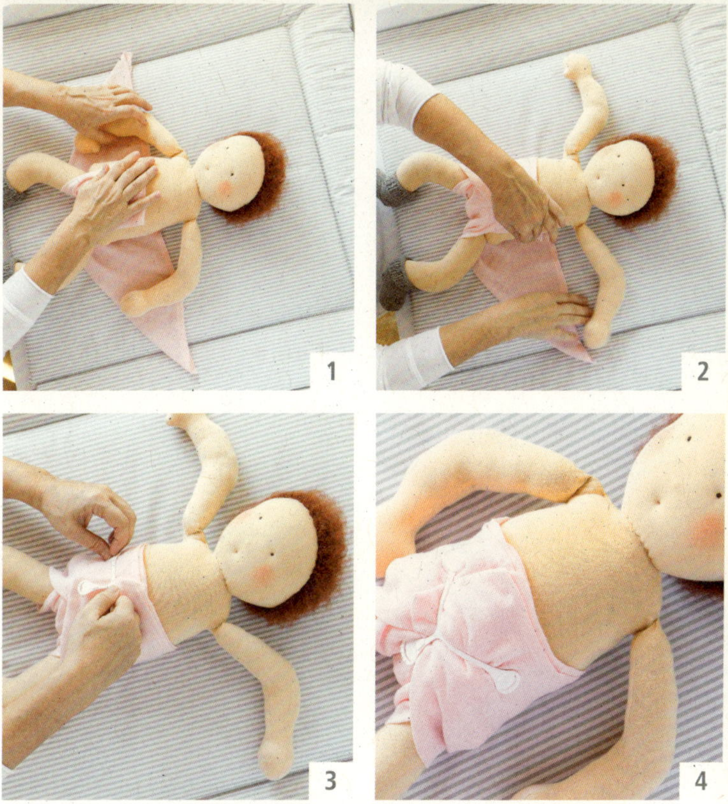


Mullwindel »Dreieck mit Steg« anlegen
Schritte 1 bis 4

- Die gesamte Windel umdrehen, sodass das Dreieck unten liegt und die Spitze nach vorne zu Ihnen zeigt (9, 10). Das Quadrat zur Mitte hin mehrmals umschlagen, damit ein beliebig breiter Steg entsteht (11, 12, 13). Nun ist die Windel (das Dreieck) mit Steg fertig gefaltet. Nach Bedarf noch ein Windelvlies oder einen Fleece-Liner einlegen.
- Falls die Windel nicht gleich gebraucht wird, zusammenlegen (14, 15, 16).

- Zum Anlegen der Windel das Baby auf die Windel legen. Zuerst den Steg nach oben (1), dann die Seitenflügel zur Mitte hin schlagen (2).
- Fixieren Sie das Paket entweder direkt mit der Überhose (geht gut bei kleinen Babys) oder nutzen Sie ein Snappi (3).
- Rollen Sie die Windel an den Beinen etwas nach innen, so bleibt auch Stuhl gut in der Windel (4). Achten Sie darauf, dass die Windel nirgends aus der Überhose herausschaut, damit keine Nässebrücken entstehen.

### Faltvariante 2: Mullwindel als Einlage

- Die Mullwindel flach ausbreiten (1).
- Die beiden oberen Ecken nach unten falten (2).
- Die beiden rechten Ecken nach links falten (3).
- Die beiden Seiten zur Mitte hin übereinanderschlagen, sodass ein langes schmales Stück entsteht (4).
- Von oben und unten auf die gewünschte Länge einschlagen und in die Windel einlegen (5, 6). Besonderheit: Für Jungs so einschlagen, dass die Einlage vorne mehrlagig ist, weil dort die meiste Saugkraft benötigt wird.

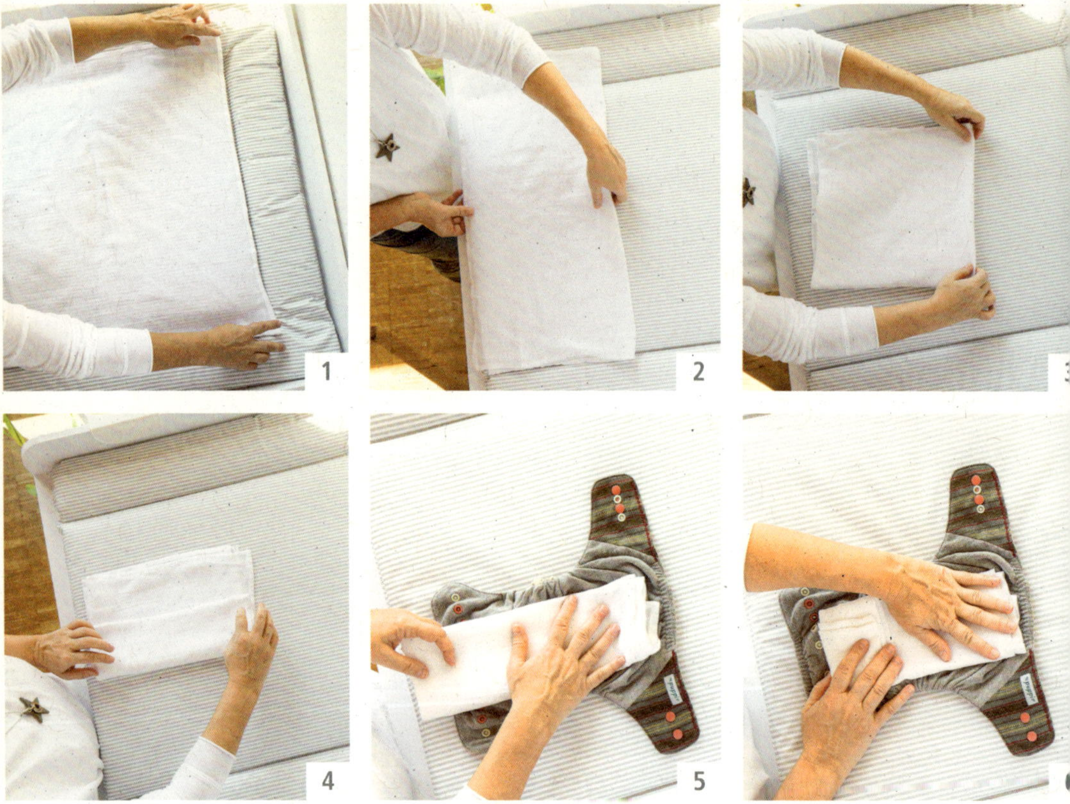


Mullwindel falten: als Einlage

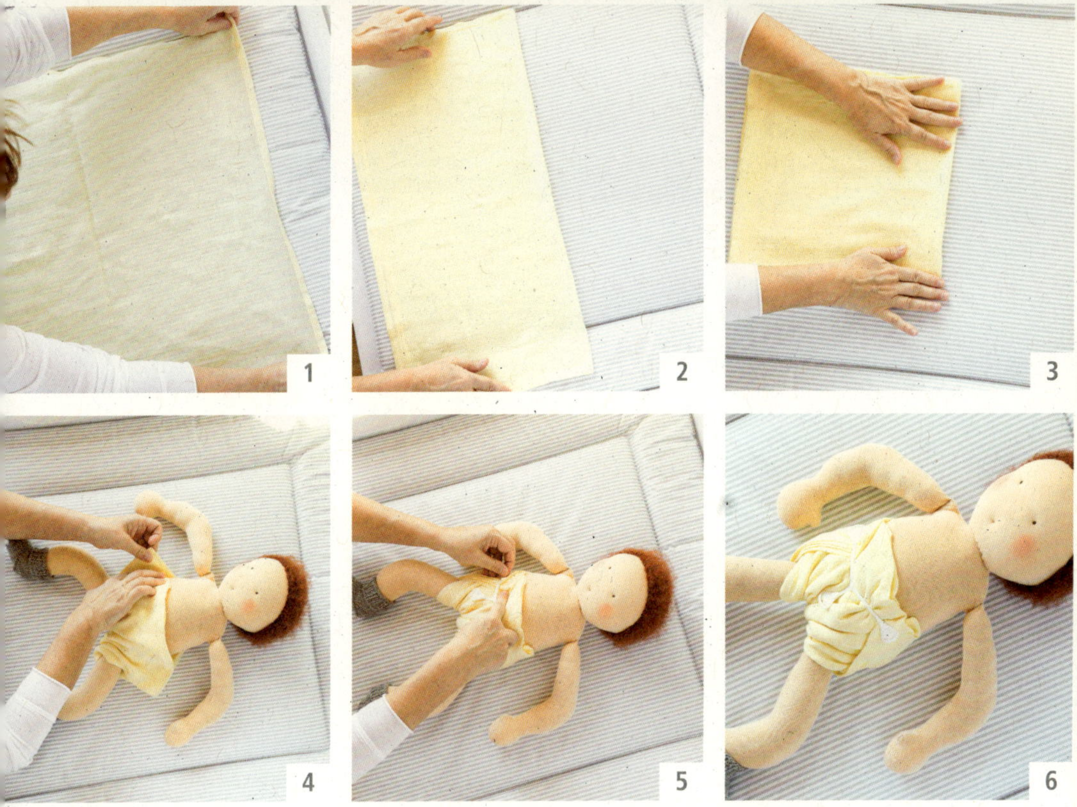


Mullwindel falten und anlegen: für Neugeborene

### Faltvariante 3: Mullwindel für Neugeborene

- Die Mullwindel flach ausbreiten (1).
- Die beiden oberen Ecken nach unten falten (2).
- Die beiden rechten Ecken nach links falten. Die Mullwindel ist nun quasi geviertelt. Die offene Kante soll nach vorne zu Ihnen zeigen (3).
- Das Baby auf die Windel legen. Beide Seiten der Mullwindel bis an die Beine des Babys einrollen und die Windel zuerst in der Mitte, dann an den Seiten zuklappen (4). Darauf achten, dass das Baby an den Beinen Bewegungsfreiheit hat.
- Fixieren Sie das Paket entweder direkt mit der Überhose (geht gut bei kleinen Babys) oder nutzen Sie ein Snappi (5, 6).

## Prefold-Falttechniken

### Pad-Fold

- Prefold längs dreilagig falten (1, 2). Muss in der Überhose vorbereitet werden, wird nicht um das Kind gewickelt.

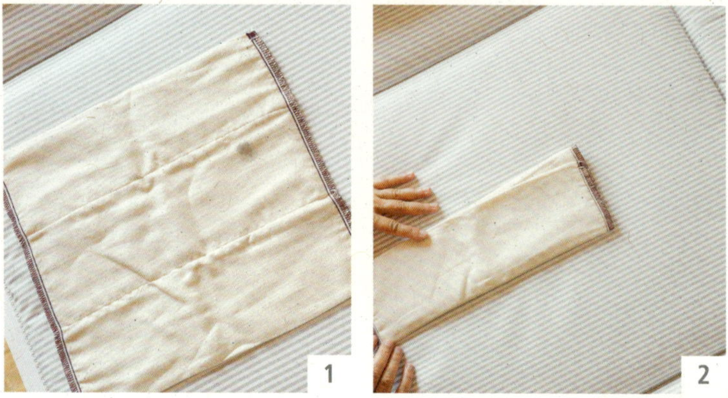


Pad-Fold

### Angel-Fold

- Prefold längs dreilagig falten, dann obere Ecken zu Flügeln ausklappen (1). Falls es nicht gleich gebraucht wird, zusammenlegen (2, 3). Kann um das Kind gewickelt oder in der Überhose vorbereitet werden. Wird mit Snappi befestigt.

Angel-Fold

Newspaper-Fold →

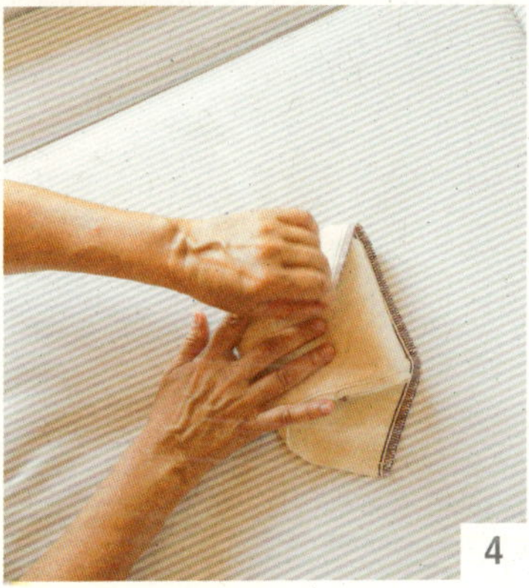


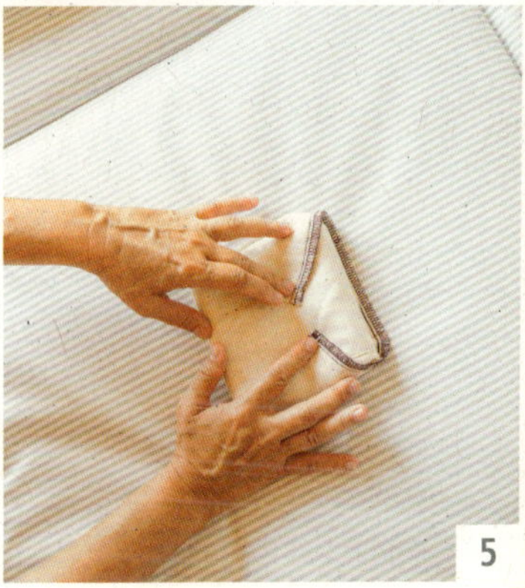


### Newspaper-Fold

- Das Prefold zuerst unten einige Zentimeter einschlagen, um die Leibhöhe zu verkleinern (1). Dann wie Angel-Fold weiterfalten (2) und gegebenenfalls zusammenlegen, falls das Prefold nicht gleich gebraucht wird (3, 4, 5). Hier ist die größte Saugkraft vorne, damit gut für Jungs geeignet. Kann um das Kind gewickelt oder in der Überhose vorbereitet werden. Wird mit Snappi befestigt.

### Jelly-Roll-Fold

- Die unteren Ecken des Prefolds fast bis zur Mitte einrollen, so entsteht ein »Wall«, der sehr gut Muttermilchstuhl auffängt (1). Hier eventuell noch eine Saugverstärkung hinzufügen, weil das Prefold im mittleren Bereich nur einlagig ist. Falls das Prefold nicht gleich gebraucht wird, zusammenlegen (2, 3). Kann um das Kind gewickelt oder in der Überhose vorbereitet werden. Wird mit Snappi befestigt.

Jelly-Roll-Fold

### Bikini-Fold

- Prefold ausgebreitet einmal in der Mitte twisten (verdrehen) (1). So ist die größte Saugkraft im Schritt, aber dennoch liegt die Windel nicht zu breit. Diese Faltung ist gut für Mädchen geeignet. Falls das Prefold nicht gleich gebraucht wird, zusammenlegen (2, 3). Kann um das Kind gewickelt oder in der Überhose vorbereitet werden. Wird mit Snappi befestigt.

Bikini-Fold ↓

**Troubleshooting Wickeln**

Hilfe, die Windel ist nicht dicht! Hier ein paar Tipps, woran es liegen könnte.

- Die Windelgröße ist nicht optimal, die Windel ist zu klein oder zu groß.
- Die Windel ist nicht richtig angelegt. Überprüfen Sie den Sitz der Bündchen.
- Beim Wickeln haben sich Nässebrücken nach außen gebildet, das heißt, die Saugeinlage guckt aus dem Nässeschutz heraus und leitet die Feuchtigkeit nach außen. Auch das Windelvlies sollte nicht aus der Windel herausgucken.
- Vielleicht ist Ihr Kind ein Schwallpinkler, das heißt, es gibt sehr viel Urin auf einmal ab. Die Saugeinlage kann die plötzliche Menge an Flüssigkeit möglicherweise nicht schnell genug aufnehmen. Verstärken Sie den Bereich, wo der Urin abgegeben wird, mit einer extra Saugschicht. Bei Jungs ist das vorne, bei Mädchen im Schritt. Oder Sie legen eine Saugeinlage ein, die besonders schnell saugt.
- Falls Sie als Nässeschutz eine Wollüberhose nutzen, könnte es sein, dass diese neu gefettet werden muss.
- Schauen Sie, ob die Bündchen der Windel ausgeleiert sind. Auch dann könnte Feuchtigkeit nach außen dringen.
- In seltenen Fällen kann die nässeschützende Außenschicht aus PUL Löcher oder Risse haben.
- Der Body oder die Kleidung sitzt zu eng und übt dadurch Druck auf die Windel aus. Wählen Sie die Kleidung etwas größer aus.

Snappis, Windelklammern ↓

## Stoffwindeln in der Nacht

Bei kleineren Babys, die auch nachts noch gewickelt werden, braucht es keine spezielle Windelart für die Nacht. Sobald das Kind etwas größer ist und nachts durchschläft, muss die Stoffwindel allerdings mit einer größeren Flüssigkeitsmenge zurechtkommen. Als Richtwert gelten 300 ml Fassungsvermögen für eine Nachtwindel und die Fähigkeit, auch einen großen Schwall auf einmal aufnehmen zu können. Trotzdem darf das Windelpaket insgesamt nicht zu dick sein und zu sehr auftragen, damit das Baby nicht im Hohlkreuz liegt.

**Höschenwindeln, Konturwindeln, gefaltete Mullwindeln, Prefolds** und **Strickbindewindeln** saugen über die gesamte Fläche, können also schon allein deshalb mehr Flüssigkeit aufnehmen. Mit zusätzlichen Boostern, das sind stark saugende Einlagen, können sie weiter verbessert werden. So kann die Windel ganz auf die Bedürfnisse des Kindes hin zusammengestellt werden. All diese Saugwindeln können bei 60 bis 90 °C gewaschen werden.

Darüber kommt immer eine nässeschützende **Überhose** aus Wolle oder PUL. In der Praxis besonders bewährt haben sich Überhosen aus Wolle. Sie halten das Baby schön warm und trocken. Normalerweise reicht es, sie nach Gebrauch gut zu lüften und an der Luft zu trocknen. Alle paar Wochen werden sie gewaschen und gefettet (siehe ab Seite 120).

### Der Tag-Nacht-Rhythmus beim Pinkeln

Das Antidiuretische Hormon (ADH) ist daran beteiligt, den Wasserhaushalt im Körper zu steuern. Neugeborene scheiden nachts etwa gleich viel Urin aus wie am Tag. Mit zunehmender Reife spielt sich die ADH-Produktion ein und ein Tag-Nacht-Rhythmus entsteht. Dann wird in der Nacht etwa so viel Urin ausgeschieden wie während vier bis fünf Stunden am Tag. Deshalb reicht eine (eventuell verstärkte) Nachtwindel aus.

Es gibt spezielle Saugeinlagen, sogenannte **Booster,** die sehr schnell sehr viel Flüssigkeit auf einmal aufnehmen. Damit können Sie die Nachtwindel nochmals verstärken. Für mehr Tragekomfort kann ein **Trockenfleece** als oberste Schicht in die Windel einlegt werden. Es leitet die Nässe an die darunter liegenden Schichten weiter, wodurch das Baby ein trockeneres Hautgefühl hat. Die Überhose umschließt das Windelpaket und schützt vor Verdunstungskälte.

Natürlich kann man für die Nacht auch jedes **Komplettwindelsystem** mit extra Saugeinlagen verwenden, allerdings kann wegen der nässeschützenden Außenschicht nicht jedes System heiß gewaschen werden und die Windeln brauchen oft länger, bis sie trocken sind.

Nachtwindeln können **auch tagsüber** getragen werden, beispielsweise wenn man auf Reisen ist und das Kind nicht so oft wickeln kann.

# Neugeborene

Das Wichtigste, was ich Ihnen für die ersten Wochen mit dem Baby mitgeben möchte: Machen Sie sich keinen Stress!

In den ersten 48 Stunden nach der Geburt entleert das Baby das erste Mal seinen Darm. Das sogenannte **Mekonium** (Kindspech) ist eine sehr zähe, grünschwarze Masse, die sich über Wochen im Darm des Ungeborenen angesammelt hat und nun ausgeschieden werden muss. Mekonium ist fast geruchlos, klebt aber ziemlich an Babys Po und auch sonst an allem, was damit in Berührung kommt. Wie geht man damit um?

Vielleicht sind Sie zu der Zeit noch im Krankenhaus, wo sowieso meist mit Wegwerfwindeln gewickelt wird. Dann müssen Sie sich um das Mekonium gar nicht kümmern. Oder Sie nehmen für die ersten Tage Wegwerfwindeln, bis Sie sich an das Baby gewöhnt haben. Aber auch bei Stoffwindeln ist Mekonium kein Problem, die Windeln werden beim Waschen wieder gut sauber. Gegen hartnäckige Flecken kann man anschließend Sauerstoffbleiche verwenden. Wer auf Nummer sicher gehen will, legt ein Windelvlies oder einen Fleece-Liner in die Windel. So wird das Mekonium zumindest zum größten Teil aufgefangen. Für AI3- oder AI2-Systeme kann man auch Wegwerfeinlagen nutzen, bis das Mekonium vollständig ausgeschieden ist.

Beim Neugeborenen ist der **Bauchnabel** noch nicht verheilt, der Rest der Nabelschnur trocknet in den ersten Tagen aus und fällt nach spätestens zwei Wochen komplett ab. Ihre Hebamme achtet in der Geburtsnachsorge darauf, dass dies ohne Komplikationen geschieht. Manche Stoffwickel-Eltern halten beim Wickeln den Nabel bewusst nicht frei. Da Urin hygienisch ist, schadet das der Nabelheilung nicht. Wer den Nabel lieber offen lassen möchte, kann die Windel in diesem Bereich umschlagen. Es gibt außerdem Newborn-Systeme, die den Nabelbereich aussparen oder durch einen Druckknopf heruntergeknöpft werden können. Achten Sie auf jeden Fall darauf, dass die Windel nicht am Bauchnabel scheuert.

Eine Regel, **wie oft ein Neugeborenes Stuhlgang** haben sollte, gibt es nicht. Bei einem voll gestillten Baby ist es völlig normal, wenn es mehrmals am Tag in die Windel macht. Es kann aber auch mehrere Tage lang gar keinen Stuhlgang haben. Mit Fläschchen gefütterte Kinder haben spätestens jeden zweiten Tag Stuhlgang. Sie sollten allerdings darauf achten, dass die Windel regelmäßig nass ist – denn es ist wirklich wichtig, dass das Baby auch pinkelt.

Neugeborenenwindel

**Muttermilchstuhl** wäscht sich in der Waschmaschine vollständig aus. Je nach Menge die schmutzige Windel komplett in die Waschmaschine (mit Vorwäsche) geben oder die Windel vorher am Waschbecken auswaschen. Windelvlies ist relativ glatt und kann den dünnflüssigen Stuhl nicht so gut festhalten. Besser bewährt haben sich hochflorige Einlagen, die den Muttermilchstuhl gut festhalten. Das können Einlagen aus Naturfasern oder Mikrofasern sein, aber auch Mullwindeln und einfache Frottee-Waschlappen.

Neugeborene werden noch häufig gewickelt, die saugende Innenschicht muss noch nicht so viel leisten wie später, wenn das Kind mehr pinkelt und die Wickelabstände größer sind. Für die ersten Wochen haben sich folgende Systeme besonders gut bewährt:

- Mullwindel (zum Dreieck mit Steg gefaltet) plus Überhose
- Prefold (gefaltet) plus Überhose
- Strickbindewindel plus Überhose
- Überhose mit Einlage (Mullwindel, Waschlappen, Gästehandtuch)

Diese Systeme sind günstig in der Anschaffung, Waschen und Trocknen sind unkompliziert. Schlupfüberhosen aus Wolle halten schön trocken und wärmen Babys Bauch. Das kann vor allem in den ersten Wochen hilfreich gegen Koliken sein. Leichter anlegen lassen sich Überhosen aus PUL oder Wollwalk mit Druckknöpfen oder Klett. Das kann gerade für »Fremdwickler« wie Oma oder Babysitter angenehmer sein.

Wenn Sie von Anfang an lieber eine richtige Stoffwindel nutzen möchten: Gerade für ganz zarte Neugeborene sind mitwachsende One-Size-Windeln noch viel zu groß. Und wenn die Windel nicht gut sitzt, schließt sie an den Beinchen und am Bund nicht richtig ab und ist damit nicht auslaufsicher.

Außerdem bekommt man so ein verhältnismäßig großes Windelpaket, was für das Baby gerade in Rückenlage unbequem ist. Kaufen Sie dann lieber kleine Mehrgrößenwindeln oder Windeln in Newborn-Größe. Die Newborn-Größe passt meistens bis sieben oder neun Kilo. Je nach Statur des Kindes ist dieses Gewicht nach drei oder auch erst sechs Monaten erreicht. Wenn das Baby aus diesen Windeln herausgewachsen ist, können Sie diese wieder verkaufen oder für das nächste Kind aufheben. Oder Sie mieten für die ersten Wochen mit dem Baby ein Testpaket Newborn-Stoffwindeln. So können Sie unterschiedliche Systeme und Marken ausprobieren. Fragen Sie Ihre Hebamme oder schauen Sie im Internet nach Anbietern. Auch viele Stoffwindelberaterinnen bieten Testpakete an.

## *Stoffwindeln in der Kita*

Ihr Kind kommt in die Kita. Neben vielen anderen Dingen ist es Ihnen wichtig, dass Ihr Kind auch dort mit Stoffwindeln gewickelt wird. Erleichtern Sie Ihrem Kind, der Kita und auch sich selbst den Start, indem Sie das Thema Wickeln schon im Vorfeld in Ruhe besprechen.

### Die Kita wickelt bereits (teilweise) mit Stoffwindeln

Glück gehabt! Hier müssen Sie nur noch die Details besprechen.

### Die Kita ist offen für Stoffwindeln

In der Eingewöhnungszeit, in der Sie Ihr Kind drei Tage lang begleiten, können Sie den Erzieherinnen und Erziehern das Wickeln mit Stoffwindeln in Ruhe zeigen.

### Die Kita lehnt das Wickeln mit Stoffwindeln ab

Sprechen Sie mit den Erzieherinnen und Erziehern und der Leitung. Das Wissen um moderne Stoffwindeln ist noch nicht sehr verbreitet und es gibt viele Vorurteile. Die Erzieher haben außerdem einen sehr anspruchsvollen Arbeitsalltag und fürchten sich vielleicht vor zusätzlichem Aufwand.

- Bringen Sie für das Gespräch eine Windel mit, um zu zeigen, dass moderne Stoffwindeln wie Wegwerfwindeln gewickelt werden.
- Erklären Sie ausdrücklich, dass die schmutzigen Windeln täglich beim Abholen mit nach Hause genommen und dort gewaschen und vorbereitet werden. Die Kita hat damit gar keine Arbeit.
- Zeigen Sie, dass Kot im Windelvlies aufgefangen und über den Restmüll entsorgt wird. Das ist ein wichtiger Punkt, um Vorbehalte gegen Stoffwindeln zu zerstreuen. Machen Sie klar, dass Stoffwindeln nicht häufiger als Wegwerfwindeln gewechselt werden.
- Machen Sie es der Kita so einfach wie möglich: Wählen Sie ein System, das dem der Wegwerfwindeln ähnelt, wie AIO-Windeln oder bereits vorbereitete AI2 oder AI3.

- Erklären Sie in der Eingewöhnungszeit, worauf zu achten ist, zum Beispiel wie eng die Windel sitzen soll.
- Lassen Sie sich von den Erzieherinnen und Erziehern Feedback geben und gehen Sie auf Vorschläge und Änderungswünsche ein. Vielleicht kommt die Kita mit einem anderen Stoffwindel-System besser zurecht.
- Seien Sie kompromissbereit. Wenn die Kita für Ausflüge auf den Spielplatz oder den Waldtag lieber Wegwerfwindeln verwenden möchte, sollten Sie darauf möglichst eingehen. So ist es ein Geben und ein Nehmen.
- Erzählen Sie ruhig, warum Sie Stoffwindeln den Vorzug geben.
- Übrigens: Das Gesundheitsamt ist den Kitas gegenüber nicht weisungsbefugt, welche Hygieneartikel verwendet werden. Dies ist Entscheidung der Einrichtungsleitung.

### Ausstattung für die Kita

Je nachdem, wie viele Stunden Ihr Kind in der Kita ist, braucht es unterschiedlich viele Windeln. Fragen Sie in der Kita nach dem durchschnittlichen Verbrauch an Wegwerfwindeln und geben Sie zusätzlich einen Puffer von zwei bis drei Windeln dazu. Beispiel: Pro Tag werden im Schnitt drei Windeln gebraucht. Wenn Sie alle zwei Tage waschen und einen Tag zum Trocknen rechnen, sind das 3 × 3 Stoffwindeln plus drei Windeln Puffer, also zwölf Windeln gesamt.

Bereiten Sie die Windeln immer vor, damit sie direkt angelegt werden können. Neben den Windeln brauchen Sie:

- Ausreichend Windelvlies, am besten eine ganze Rolle, dann brauchen Sie daran eine Zeit lang gar nicht mehr zu denken. Die Kita wird Sie darauf aufmerksam machen, wenn die Rolle zu Ende geht.
- Ein Wetbag mit Reißverschluss für die schmutzigen Windeln beziehungsweise Einlagen samt Schlaufe zum Aufhängen. Das ist eine geruchsarme, hygienische und platzsparende Lösung.
- Je nach Wickelsystem und Platz in der Kita empfiehlt sich eventuell noch ein Stoffbeutel für sauber gebliebene Überhosen.
- Denken Sie daran, dass Sie den Vorrat jeden Tag aufstocken müssen, und legen Sie sich einen ausreichend großen Windelvorrat an. Auch von den Wetbags brauchen Sie mindestens zwei im Wechsel.

# Wunder Po

Ein wunder Babypo ist für alle Beteiligten unangenehm: Das Baby ist unruhig und weinerlich und die Erwachsenen leiden mit ihm. Keine schöne Sache, aber auch noch kein Grund zur Panik! Jedes Baby ist einmal wund, meistens sogar öfter. Ursachen dafür gibt es viele. Wobei Stoffwickelkinder seltener unter Wundsein leiden, weil die Stoffwindeln mehr Luft an Babys Po lassen als Wegwerfwindeln.

Ein wunder Po kann unter anderen folgende Ursachen haben:

- Das Baby hat Fieber oder Durchfall.
- Das Baby zahnt.
- Vielleicht reagiert Ihr Baby empfindlich auf ein bestimmtes Material oder Waschmittel. Hier müssen Sie etwas detektivischen Spürsinn aufbringen, um den Übeltäter zu finden und dann zu eliminieren.
- Der Wickelrhythmus ist zu lang.
- Wenn das Baby einige Zeit mit Wegwerfwindeln gewickelt wurde, kann es bei der Umstellung auf Stoffwindeln auch erst einmal zu Wundsein kommen. Es fehlen dann die Lotionen, die in der Wegwerfwindel vorhanden sind.
- Bei einer Ernährungsumstellung kann Urin oder Kot aggressiver werden, auch wenn das Kind viel Süßes oder Säurehaltiges, zum Beispiel Zitrusfrüchte, gegessen hat. Bei Stillkindern kann das auch durch die Ernährung der Mutter der Fall sein.

**Wann zum Arzt?**

Wenn das Wundsein nach zwei bis drei Tagen nicht besser wird, sondern sich verschlechtert, sprechen Sie mit Ihrem Kinderarzt. In manchen Fällen kann es sich um einen Pilzbefall handeln, zum Beispiel Windelsoor, hervorgerufen durch den Hefepilz Candida albicans, der unter Umständen eine vom Arzt verordnete Salbe benötigt. Wird ein Pilzbefall festgestellt, müssen die getragenen Stoffwindeln besonders behandelt werden (siehe Seite 127).

## Was schafft Abhilfe?

Suchen Sie sich unter den nachfolgenden Maßnahmen diejenigen aus, mit denen Sie gut zurechtkommen. Die wunde Haut sollte nach zwei bis drei Tagen wieder besser werden.

- **Wickeln Sie das Baby ausreichend oft.** Bei Neugeborenen kann das schon mal alle zwei Stunden sein, später werden die Abstände länger. Unbedingt jedes Mal, nachdem das Baby in die Windel gemacht hat, frisch wickeln.
- Säubern Sie den Po nur mit **warmem Wasser** und einem **weichen Waschlappen.** Auf keinen Fall Feuchttücher nehmen! Praktisch für unterwegs oder an der Wickelkommode ist ein Warmhaltegefäß mit warmem Wasser oder selbst gemachte Feuchttücher (siehe Seite 134). Achten Sie darauf, dass wirklich alle Hautfalten gut gesäubert sind. Mit einem weichen Tuch gut trocken tupfen oder den Po föhnen (siehe unten).
- Lassen Sie den Babypo **so oft wie möglich nackt.** Das kann auf dem Wickeltisch unter einer Wärmelampe sein oder im Sommer draußen beim Spielen. Hauptsache, Luft kommt an die wunde Haut.
- **Föhnen** Sie den Babypo einige Minuten lang nach jedem Wickeln. Dazu das Baby auf den Bauch legen, so kann auch kein Pipi-Unfall mit dem Föhn passieren. Den Luftstrahl immer kontrollieren, damit er nicht zu heiß ist.
- Bestrahlen Sie den Babypo 15 bis 20 Minuten mit einer **Rotlicht-Lampe.** Den Abstand zur Lampe so wählen, dass es für das Baby nicht zu heiß ist.
- Legen Sie ein handtellergroßes, dünnes Stück **Heilwolle** zwischen Babypo und Windel. Der hohe Fettgehalt der Heilwolle hält die wunde Haut trocken, ohne sie auszutrocknen oder luftdicht abzuschließen. Heilwolle lindert den Juckreiz, regt die Durchblutung an und verhindert das Ausbreiten von Krankheitskeimen. Bei jedem Windelwechsel ein neues Stück Heilwolle verwenden. Keine Creme auftragen!
- Verwenden Sie **Einlagen aus Seide.** Seide ist antibakteriell, kühlend und hautberuhigend. Keine Creme verwenden! Seideneinlagen haben im Vergleich zu Heilwolle den Vorteil, dass sie gewaschen und damit wiederverwendet werden können.

- Eine dünne(!) Schicht **Wundschutzcreme** auftragen. Besonders gut geeignet sind Produkte, die kein Parfüm, keine Duftstoffe und keinen Alkohol enthalten. Fragen Sie Ihren Kinderarzt oder Ihre Hebamme. Ein einfaches Rezept für eine Wundschutzcreme finden Sie auf Seite 132. Wundschutzcreme ist auch bei Stoffwindeln kein Problem und wird bei einer normalen Waschroutine komplett entfernt. Ausnahme: Cremes mit Petrolatum (Vaseline) können Synthetikfasern eventuell überlagern und die Saugleistung der Windel dauerhaft beeinträchtigen. In diesem Fall sollten Sie vorbeugend ein Windelvlies einlegen.
- Verwenden Sie **keinen Puder!** Dieser würde auf den nässenden Stellen leicht verklumpen und zu weiteren Irritationen führen.
- Aus zwei Teebeuteln **schwarzem Tee** und 500 ml Wasser einen Sud zubereiten und abgekühlt beim Wickeln mehrfach auf die wunden Stellen tupfen. Trocknen lassen. Schwarzer Tee enthält Gerbstoffe, die die Wundheilung unterstützen.
- Im Waschbecken oder in einer großen Schüssel ein Sitzbad mit **Eichenrindentee** (Apotheke) vorbereiten. Das Kind nur mit dem Po hineinsetzen, danach den Po gut trocken tupfen oder föhnen. Eichenrinde können Sie als bereits fertigen Extrakt oder gemahlen kaufen.
  - Eichenrinden-Extrakt: 1 EL auf 10 Liter warmes Wasser geben.
  - Gemahlene Eichenrinde: 30 g Rinde in einem Liter Wasser zum Kochen bringen, 15 Minuten ziehen lassen. Die Rinde abseihen und den Sud in etwa 10 Liter Badewasser geben.

## Die Wickelkommode

Wickeln ist mehr als reines Windelwechseln. Nutzen Sie die Gelegenheit, um mit Ihrem Baby zu spielen, es zu streicheln, zu massieren, haben Sie Spaß mit ihm. Der Windelwechsel ist immer eine gute Gelegenheit zur Kontaktaufnahme. Genießen Sie es. Natürlich muss es manchmal schnell gehen, aber wenn es geht, sollte man sich Zeit und Muße zum Wickeln nehmen.

Richten Sie den Wickeltisch so ein, dass alle erforderlichen Utensilien am Platz sind und Sie sich ganz auf Ihr Baby konzentrieren können.

Der **Wickeltisch** steht meist im Kinderzimmer oder im Bad. Ob komplette Wickelkommode, Wickelauflage oder Aufsatz für die Badewanne, ob neu oder gebraucht, ist Geschmackssache und eine Frage des Geldbeutels.

Die **Wickelauflage** sollte über seitliche Begrenzungen verfügen, die verhindern, dass aktive Babys versehentlich herunterrollen. Manche Wickelauflagen lassen sich auch seitlich hochklappen. Die Wickelauflage sollte etwas hervorstehen, damit Sie bequem daran stehen können und nicht mit den Knien an die Kommode stoßen.

Die **Wickelunterlage** ist gepolstert, damit das Baby bequem liegt. Der Bezug sollte waschbar oder aus wasserabweisendem Kunststoff sein (Polypropylen oder Polyethylen), kein PVC! Auf dieser Wickelunterlage liegt am besten eine Auflage, die sich bei Bedarf schnell auswechseln und einfach waschen lässt. Das kann ein Handtuch, Moltontuch oder eine Mullwindel sein.

Eine **Wärmelampe** über dem Wickeltisch sorgt bei Bedarf für eine wohlige Temperatur, damit das Baby nicht friert. So können Sie es in Ruhe wickeln. Babys lieben es, bei angenehmen Temperaturen zu strampeln und sich frei zu bewegen. Statt der Wärmelampe können Sie auch einen **Heizlüfter** nutzen. Achten Sie bei beiden auf ausreichend Abstand zum Baby, damit es nicht zu warm wird oder sich das Baby nicht daran verbrennen kann.

**Warmes Wasser** in einer kleinen **Waschschüssel** und ein **Waschlappen** sind alles, was Sie brauchen, um den Babypo sauber zu machen. Danach eventuell noch kurz mit einem Handtuch abtrocknen, schon ist alles fertig. Extra für diesen Zweck gibt es sehr praktische Waschschüsseln, die seitlich

an die Wickelauflage eingehängt werden können. Stellen Sie sich ein Warmhaltegefäß mit warmem Wasser an die Kommode. Das Wasser morgens und abends erneuern, dann haben Sie bei Bedarf immer warmes Wasser.

Feuchttücher sind sicher eine praktische Sache, aber grob gesagt enthalten sie nach wie vor Wasser mit Chemie. Selbst wenn bei ihrer Herstellung mittlerweile auf bedenkliche Inhaltsstoffe wie Parabene, Formaldehyd, Formaldehydabspalter und Methylisothiazolinon verzichtet wird, enthalten sie doch noch kritische Zusätze, wie beispielsweise Konservierungsmittel, ohne die eine so lange Lagerung von der Herstellung bis zum Verkauf gar nicht möglich wäre.

Für das nächtliche Wickeln hat sich ein dämmriges **Nachtlicht** oder eine Lichterkette gut bewährt. So wird das Baby nicht von grellem Licht hellwach, Sie haben es aber zum Wickeln ausreichend hell. Vor allem eine **Lichterkette mit Batterie** ist praktisch, da man sie überall hinhängen kann. Übrigens, auch das nächtliche Stillen ist bei Dämmerlicht weitaus angenehmer.

Ein Vorrat an sauberen **Stoffwindeln plus Zubehör** (wie Einlagen, Windelvlies) liegt griffbereit an oder in der Wickelkommode. Bereiten Sie die Windeln vor, sodass Sie sie beim Wickeln nur noch anlegen müssen.

Direkt bei der Wickelkommode hängt für die gebrauchten Stoffwindeln ein großer **Wetbag** oder es steht dort ein **Wäscheeimer** (samt Wäschesack oder Pail Liner, siehe Seite 101). Wer es ganz einfach mag, kann auch einen alten Kopfkissenbezug zum Wäschesack umfunktionieren. Für den Restmüll wie Windelvlies können Sie einen Mülleimer mit Deckel bereitstellen.

Lagern Sie **Zubehör** wie Snappis, Fieberthermometer, Nagelschere, Babybürste, Creme und Heilwolle in der Nähe der Wickelkommode, aber außer Reichweite des Babys.

Agilere Babys beschäftigen sich beim Wickeln gerne mit einem **Mobile** oder (abwaschbarem!) **Spielzeug.**

# Wohin mit den schmutzigen Windeln?

## Urin

Ist die Windel nur vollgepinkelt, dann ab damit in den **Wäschesack.** Eine Vorbehandlung ist nicht nötig. Eine **Nachtwindel,** die über sechs bis acht Stunden viel Urin aufgenommen hat, kann man auch mal kurz unter dem Wasserhahn ausspülen und dann an der Luft vortrocknen. Nicht nass in den Wetbag geben. Wer mag, kann das **Windelvlies** ebenfalls in den Wäschesack geben und mitwaschen. So kann es entweder wiederverwendet werden oder als Reinigungstuch dienen.

## Kot

In der Windel ist auch das »große Geschäft« gelandet? Kein Problem!

**Milchstuhl** kann im Prinzip einfach in der Windel bleiben, die so in den Wäschesack kommt. Er ist wasserlöslich und wird beim Waschen vollständig entfernt. Außerdem riecht er nicht besonders intensiv, sondern einfach leicht süßlich. Wem das nicht gefällt, der kann die Windel kurz abspülen und an der Luft vortrocknen, bevor sie in den Wäschesack kommt.

**Beikoststuhl** wird vor dem Waschen entfernt. Normalerweise landet er im Windelvlies und kann über der Toilette ausgeschüttelt oder über den Restmüll entsorgt werden. Entsorgen Sie das Windelvlies als solches nicht über die Toilette, sondern über die Restmülltonne. Feuchttücher und Kosmetiktücher können sich in der Kanalisation zu großen Klumpen zusammenballen und die Rohre verstopfen. Windelvlies kann den gleichen Effekt haben. Sollte etwas Kot auf der Windel oder Überhose gelandet sein, kurz über dem Waschbecken **auswaschen** und die Windel dann vortrocknen, bevor sie in den Wäschesack kommt.

Wurde kein Windelvlies benutzt, wird die Windel oder Einlage **über der Toilette** durch Schütteln oder mit einem Schaber (Messer) vom Gröbsten befreit. Keine Angst, das klingt schlimmer, als es ist. Schließlich ist es auch nicht eklig, Kot vom Babypo abzuwaschen. Aus den USA, wo Stoffwindeln schon weiter verbreitet sind, kommt eine Art **Handbrause,** die mit wenigen Handgriffen an die Toilettenspülung angeschlossen wird und mit einem kräftigen Wasserstrahl den Kot von der Windel abspült. Auch sehr praktisch! Windel danach vortrocknen, bevor sie in den Wäschesack kommt.

**Kleinere Anhaftungen** von Kot werden in der Waschmaschine sauber entfernt. Sehr stark verschmutzte Windeln **kurz einweichen,** aber nicht länger als zwei Stunden. Dann vortrocknen, bevor sie in den Wäschesack kommen.

## Aufbewahrung bis zum Waschen

Beim Lagern der gebrauchten Stoffwindeln bis zum Waschen sind drei Faktoren relevant: Temperatur, Belüftung und Zeit. Werden die Windeln möglichst kühl und luftig gelagert und nicht später als alle zwei bis drei Tage gewaschen, beugt das der Bildung von schädlichen Bakterien und Ammoniak vor. Aber keine Angst, bei einer normalen Waschroutine ist die Aufbewahrung in der Wohnung kein Problem, nur nicht direkt an der Heizung. So passiert nichts an den Windeln und es entstehen keine unangenehmen Gerüche. Wer will, kann ein mit wenigen Tropfen Lavendelöl beträufeltes Stück Windelvlies in den Wäschesack geben.

Gebrauchte Stoffwindeln **nicht in Wasser eingeweicht** lagern!

Keine **triefend nassen** Waschlappen oder ausgewaschenen Windeln in den Wetbag oder in den Wäscheeimer geben. Wasser fördert das Bakterienwachstum. Urin stellt dagegen kein Problem dar. Wasser gut auswringen und das Wäschestück auf dem Rand der Tonne oder des Wetbags vortrocknen.

Als Wäschesack haben sich große **Wetbags** aus PUL bewährt. Sie sind feuchtigkeitsabweisend, geruchsdicht und atmungsaktiv. Man kann sie mit einem Reißverschluss schließen und an einer angenähten Schlaufe an einen Haken hängen. Das ist außerdem praktisch, weil es wenig Platz beansprucht und Haustiere und Geschwisterkinder nicht an die schmutzigen Windeln gelangen können.

Die »Bodenvariante« der Aufbewahrung sind **Pail Liner,** was so viel wie »Eimer-Futter« heißt. Die Pail Liner sind genau wie die Wetbags aus PUL, haben aber statt des Reißverschlusses an der Öffnung einen Gummi- oder Kordelzug, mit dem sie bequem über einen Wäscheeimer gestülpt werden. Auch einen alten **Kopfkissenbezug** oder ein **Wäschenetz** können Sie als Pail Liner nutzen. Hauptsache, die Windelwäsche wird luftig und kühl aufbewahrt.

Unbedingt darauf achten, dass **ausreichend Luft** an die Windeln kommt, indem Sie den Wetbag oder Eimer nicht dicht schließen oder den Deckel am besten ganz weglassen. So verhindert man auch Kondenswasser am Deckel, das zurücktropfen kann, wodurch schneller Ammoniak oder Schimmel entstehen kann.

Wer die schmutzigen Windeln nicht mehr anfassen möchte, stülpt den Inhalt des Wetbags oder Pail Liners **direkt in die Waschmaschine** oder in ein Wäschenetz. Sowohl Wetbags als auch Pail Liner werden auf links gedreht bei der Wäsche **mitgewaschen.** Deshalb und vielleicht zum besseren Vorsortieren der Wäsche ist es praktisch, gleich zwei oder mehr davon zu haben. Windeleimer sauber auswischen, damit sich auch dort keine Bakterien vermehren.

**Bevor Sie die Windeln in die Wäsche geben**

- Einlagen und Prefolds herausziehen und auffalten, damit beim Waschen alle Oberflächen erreicht werden.
- Klettverschlüsse mit einem Gegenklett sichern. So bleiben die Kletts schön und hängen nicht an anderen Teilen dran. Mit der Zeit macht man das schon automatisch beim Ausziehen der Windel.
- Lange Bänder, zum Beispiel bei Bindewindeln, zu einer Schlaufe knoten, damit sie sich nicht verheddern. Oder man wäscht diese Windeln in einem Wäschenetz.
- Überhosen aus PUL ab und zu mal auf links drehen und die Laschen umstülpen, damit sich dort keine Bakterien ansiedeln.
- Überhosen aus Wolle auf links drehen. Sind sie nur vollgepinkelt, reicht es, sie an der Luft zu trocknen. Wolle ist selbstreinigend, geruchshemmend und antibakteriell. Ist die Überhose doch einmal mit Kot in Berührung gekommen (oder turnusmäßig alle drei bis vier Wochen), wird auch sie gewaschen (siehe ab Seite 120).

## Interview: Swantje Müller

**Tagesmutter**

Mein Name ist Swantje Müller. Ich habe eigene Kinder und letztes Jahr als Tagesmutter angefangen. Im Moment habe ich die Pflegeerlaubnis für zwei Kinder.

***Bei dir kann auch mit Stoffwindeln gewickelt werden. Wie läuft das ab?***

Das ist kein Problem. Die Stoffwindeln werden täglich mitgebracht und die Benutzten im Wetbag wieder mitgenommen. Übrigens auch die Wegwerfwindeln, weil sonst zu viel Müll anfällt.

***Wie sieht der Wickelalltag bei deinen Kindern aus?***

Ich verwende Wollüberhosen mit Einlagen. Tagsüber geknöpfte Wollüberhosen, nachts Wollschlupf mit Höschenwindeln, anfangs Bindewindeln. Bei mir war es anfangs echt eine Überwindung, Wolle zu nehmen, und jetzt bin ich ganz begeistert davon. Das ist so einfach und man hat viel weniger Wäsche dadurch.

Der Wickelrhythmus ist altersabhängig. Am Anfang alle ein bis zwei Stunden, immer nach dem Stillen, später alle drei bis vier Stunden. Kommt auf die Einlagen an. Länger auf keinen Fall, ich mag es einfach nicht, wenn das Kind in der nassen Windel ist.

Windelvlies nehme ich nicht, sondern schüttele die Einlage über der Toilette aus. Dann brause ich sie mit der Duschbrause direkt über der Toilette ab, wasche sie noch einmal durch, lasse sie trocknen und so kommt sie in die Wäsche.

Die benutzten Windeln kommen in einen alten Kopfkissenbezug, der hängt in einem offenen Holzwäschekorb, Deckel drauf. Es riecht höchstens mal, wenn die Kinder zahnen. Aber ich finde immer noch, der Geruch ist tausendmal angenehmer als der einer benutzten Wegwerfwindel. Wenn ich da den Mülleimer aufmache, das ist echt schlimm! Das war mir früher gar nicht klar: Das sind nicht die Ausscheidungen der Kinder, sondern das ist die Chemie in den Windeln.

Ich wasche einmal die Woche, im Sommer auch mal eine Maschine extra. Für die Einlagen gebe ich immer Sauerstoffbleiche dazu. Die Überhosen wasche ich mit Wollwaschmittel und Essig, weil das Wasser hier so barbarisch hart ist. Der Essig kommt ins Weichspülerfach. Nach dem Waschen wird die Wollhose gefettet. Die Überhosen wasche ich alle sechs bis acht Wochen, weil wir auch ein paar mehr haben, als wir eigentlich brauchen.

Neru

# Stoffwindeln waschen

## Einwaschen

Neue Stoffwindeln müssen vor dem ersten Gebrauch eingewaschen werden.

Bei Überhosen aus PUL und Saugeinlagen aus Mikrofaser reicht einmaliges Waschen bei 40 °C aus. Baumwolle, Bambusviskose und Hanf müssen vor Gebrauch mehrmals gewaschen werden, um ihre volle Saugkraft zu erreichen. Zwischen den Waschgängen immer vollständig trocknen. Nach dem dritten Einwaschen kann man sie bereits benutzen, die volle Saugkraft haben sie nach dem zehnten Waschen erreicht. Es ist völlig normal, dass Naturmaterialien beim Waschen etwas eingehen. Wolle und Seide werden nicht eingewaschen.

## Waschen

Stoffwindeln zu waschen, ist kein Hexenwerk. Im Gegensatz zu unseren Urgroßmüttern haben wir heute Waschmaschinen, die uns die Arbeit fast vollständig abnehmen. Wichtig ist, dass die Waschmaschine mit genügend Wasser spült. Wenn Ihre Maschine eine »Wasser-Plus«-Einstellung hat oder ein »Pet-Programm« für Tierhaare, nutzen Sie diese. Dann noch das richtige Waschmittel und den richtigen Waschgang wählen, und schon kann es losgehen.

- Waschen Sie die schmutzigen Windeln und Einlagen **alle zwei bis drei Tage.** Bereiten Sie die Windeln vor (siehe Seite 102).
- Achten Sie auf die **Herstellerangaben.** Diese finden Sie im Wäscheetikett in der Windel. Eine Übersicht über die Waschanforderungen der einzelnen Materialien finden Sie in der Tabelle auf Seite 110.

- Die Windeln in die Waschmaschine geben und kalt, ohne Waschmittel mit dem **Vorwaschprogramm** waschen, damit Urin und Kotreste ausgespült werden. Wichtig: Das Wasser muss nach der Vorwäsche unbedingt abgepumpt werden. Falls das bei Ihrer Waschmaschine nicht der Fall ist oder Ihre Waschmaschine über kein extra Vorwaschprogramm verfügt, kann auch das Programm »Spülen und Schleudern« gewählt werden.
- Nach der Vorwäsche können **andere Wäschestücke** wie Waschlappen, Lätzchen, Handtücher oder Bettwäsche zugegeben werden. Bei Küchenhandtüchern 1 EL Sauerstoffbleiche zur Desinfektion dazugeben (nicht bei PUL). Die Waschmaschine zu **60 bis 70 Prozent befüllen.** Gerade wenn es sich um mehrere übereinanderliegende Stofflagen, Beinbündchen mit Gummizug und wasserdichte PUL-Schichten handelt, benötigen die Windeln in der Waschmaschine ausreichend Platz. Zu leer sollte die Maschine aber auch nicht sein. Das ist zum einen nicht ökologisch und zum anderen ist das Reiben der Wäschestücke aneinander auch ein wichtiger Reinigungsfaktor.
- Als **Hauptwaschgang** je nach Verschmutzung »Kochwäsche/Buntwäsche« oder »Kochwäsche/Buntwäsche Intensiv« wählen. »Eco« ist eventuell weniger geeignet, da hierbei meist mit weniger Wasser, niedrigen Temperaturen und länger gewaschen wird. Gucken Sie dazu in die Betriebsanleitung Ihrer Waschmaschine.
- Nach Möglichkeit bei mindestens **60 °C** waschen, um Bakterien und Keime wirksam abzutöten. Baumwolle und Hanf können bis maximal 90 °C gewaschen werden. Allerdings ist 60 °C normalerweise ausreichend. Bambusviskose und Mikrofaser sollten nicht heißer als 60 °C gewaschen werden. Hier auf das geeignete Waschmittel achten (siehe Seite 113). Zorb II™ kann bis 60 °C gewaschen werden. Lyocell ist ebenfalls bis 60 °C waschbar, hier aber bitte unbedingt auf das Wäscheetikett schauen (siehe auch Seite 118).
- Das **Waschmittel** richtig dosieren (siehe Seite 113).
- Verwenden Sie **keinen Weichspüler.**

- Überhosen und Windeln mit **PUL** wäscht man am besten im Programm »Pflegeleicht« in einem Wäschenetz. Darauf achten, dass keine scharfkantigen Gegenstände mitgewaschen werden. PUL kann bei 40 °C, mitunter bis 60 °C gewaschen werden. Auf das geeignete Waschmittel achten und aufs Wäscheetikett schauen!
- Mullwindeln, Prefolds, Konturwindeln und Einlagen können bei hohen **Schleuderzahlen** geschleudert werden. So trocknen sie schneller an der Luft oder im Trockner. Windeln mit elastischen Bündchen und PUL maximal bei 800 bis 1200 Umdrehungen pro Minute schleudern. Aufs Wäscheetikett schauen!

**Wie wasche ich welches Material?**

| Material | Temperatur<br>Waschmittel | Trockner<br>geeignet | Besonderheiten |
|---|---|---|---|
| **Baumwolle** | bis 90 °C<br>Waschmittel egal | ja | muss eigewaschen werden |
| **Bambusviskose** | bis 60 °C<br>keine Cellulase | ja | muss eigewaschen werden |
| **Hanf** | bis 90 °C<br>Waschmittel egal | ja<br>wird im Trockner weicher | muss eigewaschen werden |
| **Mikrofaser** | bis 60 °C<br>seifenempfindlich, keine Sauerstoff-bleiche | nein | muss nicht eingewaschen werden |
| **Zorb II™** | bis 60 °C<br>empfindlich gegen optische Aufheller und Enzyme | ja | muss eigewaschen werden |
| **Wolle** | bis 30 °C<br>Wollwaschgang<br>Wollwaschmittel | nein | muss nicht eingewaschen werden,<br>muss nachgefettet werden |
| **Seide** | bis 30 °C<br>Schonwaschgang<br>Seidenwaschmittel | nein | muss nicht eingewaschen werden |
| **Tencel™ Lyocell** | bis 60 °C<br>Waschmittel egal | ja<br>zusammen mit PUL nicht in den Trockner | muss nicht eingewaschen werden |
| **PUL** | bis 60°C<br>Waschmittel egal | nein | muss nicht eingewaschen werden,<br>hitzeempfindlich |

**Eigenschaften der Materialien, aus denen Stoffwindeln bestehen**

| Material | Saugleistung | Saug-geschwindigkeit | Wasserhalte-vermögen |
|---|---|---|---|
| Baumwolle | + | + | + |
| Bambusviskose | ++ | + | + |
| Hanf | ++ | −− | ++ |
| Mikrofaser | ++ | ++ | −− |
| Zorb II™ | ++ | ++ | ++ |
| Wolle | ++ | + | + |
| Seide | − | − | − |
| Tencel™ Lyocell | − | − | − |
| PUL | − | − | − |

# Waschmittel

Das Waschmittel nach **Herstellerangabe** und dem **Härtegrad des Wassers** dosieren. Nicht drastisch überdosieren oder unterdosieren. Die Wasserhärte kann beim örtlichen Wasserversorger erfragt werden. Im (Aquarien-) Handel finden Sie auch Teststreifen, mit denen man die Wasserhärte einfach messen kann.

Weniger als 8,4 °dH (< 1,5 mmol $CaCO_3$ / l Wasser) gelten als weiches Wasser, 8,4 – 14 °dH (1,5 – 2,5 mmol $CaCO_3$ /l Wasser) als mittlere Härte und mehr als 14 °dH (> 2,5 mmol $CaCO_3$ /l Wasser) als hartes Wasser.

Bei mittelhartem oder hartem Wasser **Wasserenthärter** nach Herstellerangabe verwenden und dann die Waschmitteldosis entsprechend nach unten, also für weiches Wasser, angleichen und dosieren. Viel hilft hier nicht viel!

Auch **Waschsoda** kann als günstiger Wasserenthärter verwendet werden. Geben Sie 1 EL bei mittlerer Wasserhärte oder 2 EL bei hartem Wasser pro Waschgang ins Waschmittelfach zum Waschpulver dazu. Waschsoda wirkt allerdings erst ab 60 °C.

Ein **Vollwaschmittel** (am besten ökologisch) in Pulverform ist gut für alle saugenden Windelteile geeignet. Schauen Sie, ob das Waschmittel auch Sauerstoffbleiche enthält. Wenn nicht, geben Sie regelmäßig 1 EL Sauerstoffbleiche in das Dosierfach zum Waschmittel dazu. So werden fast alle in der Wäsche vorhandenen Bakterien abgetötet.

Windeln mit **PUL** am besten mit **Flüssigwaschmittel für Buntwäsche oder Feinwäsche** im Wäschenetz waschen. PUL guter Qualität kann auch bei 60 °C gewaschen werden. Bei Verwendung von Waschmitttelpulver beziehungsweise Enthärter darauf achten, dass das Pulver ganz aufgelöst wird. Sonst können die kleinen Kristalle Mikrorisse im PUL hervorrufen und ihn auf Dauer schädigen.

**Sauerstoffbleiche** hat eine antibakterielle Wirkung und hilft gut gegen Flecken und hartnäckige Gerüche. Achten Sie darauf, welche Temperatur der Hersteller für den Waschgang angibt. Normalerweise wirkt Sauerstoffbleiche erst ab 60 °C, einige Produkte besitzen allerdings Bleichaktivatoren, die die Sauerstoffbleiche bereits ab 40 °C aktivieren. PUL nicht mit Sauerstoffbleiche waschen, da sie das Material angreift.

Es gibt auch spezielle **Stoffwindelwaschmittel.** Verwenden Sie diese entsprechend der Herstellerangaben.

**Duftstoffe** und **optische Aufheller** im Waschmittel reizen unnötig die zarte Babyhaut und können Windeldermatitis und Allergien auslösen. Optische Aufheller können sich darüber hinaus an PUL anlagern und ihn undicht machen. Produkte mit dem Namenszusatz »sensitiv« verzichten oft auf diese Zusätze.

Verwenden Sie **keinen Weichspüler.** Weichspüler verschließt die Fasern, die Stoffe nehmen langsamer und weniger Feuchtigkeit auf. Wenn man Pech hat, schädigt das die Stoffwindeln dauerhaft. Außerdem enthalten Weichspüler oft Duftstoffe und optische Aufheller. Auch der Umwelt zuliebe verzichtet man besser darauf: Weichspüler ist schwer abbaubar und schädigt Wasserorganismen. **Kationische Tenside,** die oft in Flüssigwaschmitteln vorkommen, haben den gleichen Effekt auf die Stoffe wie Weichspüler.

Waschen Sie Mikrofasern nicht mit **Seife** beziehungsweise Waschmitteln auf Seifenbasis oder **Ölbasis.** Die Seife setzt sich zwischen die Fasern und kann die Feuchtigkeitsaufnahme beeinträchtigen.

Vermeiden Sie Waschmittel mit **Enzymen.** Sie schädigen die elastischen Bündchen und können hautreizend sein. Das Enzym Cellulase greift Cellulosefasern an, zum Beispiel von Bambusviskose. Cellulase kommt häufig in Colorwaschmitteln vor.

**Chlorbleiche** schädigt PUL und belastet die Umwelt.

Hartnäckigere Flecken können vor der Wäsche mit einem Fleckenmittel vorbehandelt werden. **Fleckenmittel mit Panamarindenextrakt** können für alle Stoffe inklusive Seide und Wolle verwendet werden. **Fleckenseife mit Citrusextrakten** können Sie ebenfalls für alle Stoffe verwenden. **Gallseife** (fest oder flüssig) ist besonders für Baumwolle und Hanf geeignet, sollte bei Bambusviskose und Mikrofaser gemieden werden. PUL nur in Ausnahmefällen mit Fleckenmittel behandeln.

Eine interessante Alternative zu herkömmlichen Waschmitteln ist das Wäsche-Ei **Ecoegg**™ des britischen Herstellers Ecoegg Ltd. Das Ecoegg™ ist ein Kunststoff-Ei, gefüllt mit Reinigungspellets aus natürlichen Mineralien. Die Wäsche wird damit sanft, umweltfreundlich, hautfreundlich und gegebenenfalls ohne Duftstoffe gereinigt. Das Produkt wurde in Kooperation mit der britischen Allergy UK und der National Eczema

Society entwickelt. Es kann bei Waschtemperaturen zwischen 30 und 60 °C verwendet werden und ist für alle Materialien, auch PUL und Mikrofaser, geeignet. (Nur Wolle empfehle ich, nach wie vor mit Wollwaschmittel zu waschen.) Es ist kein weiteres Waschpulver nötig, bei hartem Wasser kann zur Unterstützung Enthärter zugegeben werden. Das Ecoegg™ für 720 Wäschen kostet derzeit weniger als 30 Euro. Bei vier bis fünf Waschmaschinenladungen pro Woche reicht das für einen Zeitraum von knapp drei bis dreieinhalb Jahren. Das Wäsche-Ei lässt sich wieder befüllen.

# Die Waschmaschine

Die Waschmaschine ist ein wichtiger Faktor beim Wickeln mit Stoffwindeln. Schließlich sollen die Windeln immer sauber, frei von Waschmittelresten und wohlriechend aus der Maschine kommen.

Die Waschmaschine **nicht überfüllen.** Für ein gutes Spülergebnis ist eine Beladung von 60 bis 70 Prozent ideal. Dosieren Sie das **Waschmittel** nicht über oder unter (siehe Seite 113). Falsch dosiertes Waschmittel kann auch zu Ablagerungen in der Waschmaschine führen, wo sich wiederum Bakterien absetzen können.

Wichtig ist, dass die Maschine mit **ausreichend Wasser** arbeitet. Schauen Sie eine Viertelstunde nach Beginn des Waschprogramms nach, wie hoch der Wasserstand ist, und orientieren Sie sich daran, um folgende Wäschen entsprechend anzupassen. Stoffwindeln saugen viel Wasser auf, daher kann es passieren, dass sie im normalen Waschgang nicht richtig sauber werden. Vielleicht hat Ihre Waschmaschine eine »Wasser-Plus«-Taste oder einen Programmpunkt »Extra-Spülen«, die Sie beim Windelwaschen einsetzen können.

Moderne Waschmaschinen arbeiten sowohl strom- als auch wassersparend. Das heißt, sie waschen mit möglichst wenig Wasser und oft werden auch die angegebenen Temperaturen nicht ganz erreicht. Falls Sie vermuten, dass Ihre Maschine so arbeitet, fragen Sie beim Kundendienst gezielt nach und wählen Sie dann das passende Programm. Aus demselben Grund sollten Sie Stoffwindeln auch nicht mit »Eco-Programm« waschen.

Falls Sie planen, eine **neue Waschmaschine** anzuschaffen, achten Sie auf Programme wie »BabyProtect«, »Hygiene+«, »Wasser-Plus« oder auch »Pet-Programm«. Letzteres hilft gegen Tierhaare, ist aber auch gut für Stoffwindeln.

### Die Waschmaschine reinigen

Alle zwei Monate sollte die Waschmaschine gereinigt werden. In der Maschine können sich Kalk und Fett ablagern und es können sich Bakterien und Schimmel bilden. Damit sinkt die Lebensdauer der Maschine, die Wäsche wird nicht mehr richtig sauber und kann sogar unangenehm riechen. Damit es dazu gar nicht erst kommt, genügen einige einfache Maßnahmen.

- Die Spülkammer, also das, wo das Waschmittel reinkommt, herausnehmen und gründlich sauber machen. Falls sich dort etwas abgesetzt hat, kann man die Spülkammer in einem Eimer mit warmem Wasser einweichen, dem ein guter Schuss Essigessenz zugesetzt wurde.
- Das Flusensieb nach Herstellerangabe herausnehmen und gründlich reinigen.
- Die Gummidichtung der Waschmaschinentür mit einem feuchten Tuch gründlich sauber wischen.
- Gönnen Sie der Waschtrommel einen Reinigungsgang. Dazu können Sie entweder einen Waschmaschinenreiniger kaufen und nach Anweisung verwenden. Oder Sie greifen auf ein einfaches Hausmittel zurück: 8 EL Zitronensäure in die Waschtrommel geben und den 40-Grad-Waschgang einschalten. Mittendrin die Pause-Taste drücken und das Ganze zwei Stunden wirken lassen. Dann den Waschgang fertig laufen lassen.
- Lassen Sie nach dem Waschen nach Möglichkeit immer die Waschmaschinentür und das Waschmittelfach leicht geöffnet, damit die Feuchtigkeit gut entweichen kann.

# Trocknen

Beachten Sie immer die Herstellerangaben am Wäscheetikett. So werden die Stoffe, die elastischen Bündchen und auch die Verschlüsse geschont und Sie haben lange Freude an Ihren Stoffwindeln.

Die gewaschenen Windeln sollten immer nur **vollständig getrocknet** weggesetzt werden. Noch klamme Windeln bieten einen Nährboden für Bakterien und Schimmel.

Haben Sie die Möglichkeit, die Stoffwindeln an der Sonne zu trocknen, ist das ideal. Die **UV-Strahlung** desinfiziert auf natürlichem Weg und entfernt darüber hinaus wie von Zauberhand auch noch Flecken. Eine **Wäscheleine** für draußen oder ein Wäscheständer oder Wäscheturm für drinnen sind ideal, um die Stoffwindeln zu trocknen. Das **Trocknen an der Luft** spart Energie und Stromkosten. Es rechnet sich, wegen der längeren Trocknungszeit einige Stoffwindeln mehr zu kaufen und dafür auf den Wäschetrockner zu verzichten.

Je mehr sich eine Stoffwindel **auseinandernehmen** lässt, desto schneller trocknet sie. Mullwindeln und Prefolds auffalten, Saugeinlagen bei Komplettsystemen nach Möglichkeit herausziehen oder abnehmen. Die Trockenzeiten sind auch abhängig von der **Art des Saugmaterials.** Mikrofaser trocknet am schnellsten, Baumwolle, Bambusviskose und Zorb II™ mittelschnell und Hanf eher langsam.

Überhosen mit PUL-Anteil auffalten und mit **wäscheschonenden Wäscheklammern** an der Leine befestigen oder ohne Klammern auslegen, um die Membran nicht mechanisch zu beschädigen.

Gut für den **Trockner geeignet** sind Windeln und Einlagen aus Baumwolle, Bambusviskose, Hanf und Zorb II™. Hanf wird im Wäschetrockner wieder schön weich. PUL und Mikrofasern sind nur bedingt für den Trockner geeignet. Sie dürfen nicht zu heiß getrocknet werden. PUL und Wolle weder in der prallen Sonne noch auf der Heizung trocknen.

Bei anhaltend nassem Wetter kann man die Trocknungszeit verkürzen, indem man die Windeln im Trockner **vortrocknet** und erst dann auf die Leine hängt. Falls Sie mit PUL beschichtete Windeln im Trockner (vor-)trocknen, verzichten Sie auf Trocknerbälle, um die mechanische Belastung möglichst niedrig zu halten.

## Wollwindelhosen waschen und fetten

Wolle schreckt viele Eltern erst einmal ab. Wie wasche und pflege ich sie richtig? Ist das nicht furchtbar aufwendig? Dabei haben Überhosen aus Wolle so viele Vorteile und auch die Handhabung und das Waschen sind in der Praxis gar nicht kompliziert!

Wollwindelhöschen werden aus Schafwolle mit einem hohen Anteil Lanolin (Wollfett) hergestellt. Diese »gefettete« Wolle kann bis zu 33 Prozent ihres Gewichts an Feuchtigkeit aufnehmen. So hält das Wollwindelhöschen sehr gut dicht, was vor allem in der Nacht von Vorteil ist. Gerade empfindliche Babyhaut profitiert außerdem von den atmungsaktiven, hautpflegenden und temperaturausgleichenden Eigenschaften der Wolle.

### Lüften

**Wann?** Wenn das Wollwindelhöschen nur vollgepinkelt ist.

**Wie?** Wollwindelhöschen wenden und gut lüften. Fertig! Lüften ist auch bei strengen Hygiene-Anforderungen völlig ausreichend, denn Wolle ist selbstreinigend, geruchshemmend und antibakteriell.

### Waschen

**Wann?** Entweder turnusmäßig alle drei bis vier Wochen oder wenn das Windelhöschen doch einmal mit Kot in Kontakt gekommen ist oder wenn das trockene Höschen unangenehm riecht.

**Wie?** Im Waschbecken handwarmes Wasser einlassen und einige Tropfen Babyshampoo dazugeben. Die gewendeten Windelhöschen dazugeben und vorsichtig drücken, bis die verschmutzten Stellen sauber sind. Dabei die Wolle möglichst wenig reiben und kneten, damit sie nicht verfilzt. Das Waschwasser ablassen und mit handwarmem Wasser spülen. Es ist wichtig, die Wolle keinen zu hohen Temperaturschwankungen auszusetzen!

Wer möchte, kann Wollwindelhöschen auch in der Waschmaschine waschen. Klettverschlüsse schließen, Höschen wenden und in ein Wäschenetz geben. Wollwaschgang wählen und bei maximal 30 °C mit einem milden Wollwaschmittel waschen. Nur mit geringer Umdrehungszahl schleudern (600 Umdrehungen). Vor allem Wolljerseys und vorgefilzte Wollwindelhosen sind hierfür gut geeignet. Ein Blick auf das Wäscheetikett hilft weiter.

### Flecken vorbehandeln

**Wann?** Nur bei Bedarf.

**Wie?** Flecken vor dem Waschen mit Gallseife oder einem anderen Fleckenmittel vorbehandeln und dann wie gewohnt waschen. Auch hier gilt: nicht zu stark reiben, um ein Verfilzen zu vermeiden.

## Fetten

**Wann?** Immer nach dem Waschen.

**Wie?** Die feuchten Wollwindelhöschen können direkt mit Lanolin nachgefettet werden. Dafür gibt es fertige Produkte (Wollkuren), die man entsprechend der Herstellerangaben nutzt. Man kann aber auch Lanolin (wasserfreies Wollwachs, *Adeps lanae anhydricus*) in der Apotheke oder Drogerie kaufen und eine Lanolinkur selbst zubereiten. Und das geht so:

Pro zu fettende Windelhose in 200 ml heißes Wasser einen gestrichenen Teelöffel Wollwachs geben. Zwei bis drei Tropfen Spülmittel zugeben und gut rühren. Sollten noch Fettaugen auf dem Wasser schwimmen, nochmals zwei bis drei Tropfen Spülmittel unterrühren, bis alles gut gelöst ist.

Den Ansatz in 2 l handwarmes Wasser pro Windel einrühren. Nun die nassen Windelhöschen in die Lanolinkur einlegen und mehrfach durchs Wasser ziehen. Wenden und wiederholen. Mit einem Gewicht (Teller oder Ähnliches) beschweren und drei bis vier Stunden (maximal über Nacht) liegen lassen. Danach die Windelhose komplett abtropfen lassen und nicht ausspülen.

## Trocknen

Windelhöschen in ein Handtuch einrollen und vorsichtig drücken, um möglichst viel Feuchtigkeit herauszubekommen. Niemals auswringen, das nimmt die Wolle übel! Wieder auseinanderrollen und das Windelhöschen gerade liegend trocknen lassen, damit sich nichts verzieht. Nicht direkt in die Sonne oder auf die Heizung legen und nicht im Trockner trocknen! Das Trocknen kann ein bis zwei Tage dauern.

Wer mag, kann die Wollwindelhöschen vor dem Trocknen auch auf niedriger Stufe schleudern (600 Umdrehungen). Dann empfehle ich, als nächsten Waschgang eine Wäsche bei mindestens 60 °C zu waschen, um etwaige Lanolin-Rückstände in der Waschmaschine zu beseitigen.

## Wolle kochen

Wolle kann bei Bedarf auch heiß gewaschen werden, das sollte allerdings nur in Ausnahmefällen wie bei Windelsoor gemacht werden. In einen großen Topf die Wolle, ausreichend zimmerwarmes Wasser und etwas Babyshampoo geben. Das Wasser langsam bis kurz vor den Siedepunkt erhitzen und langsam wieder abkühlen lassen. Dabei nicht rühren oder sonst wie bewegen. Nicht kochen lassen, da die Bewegung des Wassers die Wolle verfilzen könnte.

**Für zwischendurch ...**

Um ein Wollwindelhöschen zwischen zwei Wäschen etwas nachzufetten, kann man ein erbsengroßes Stück Wollwachs zwischen den Handflächen gut verreiben und dann mit den Händen auf die Innenseite des Höschens tupfen. Bitte nicht reiben, damit nichts verfilzt. Trotzdem nach wie vor turnusmäßig waschen und fetten. Wer möchte, kann auch etwas von der Lanolinkur (gekauft oder selbst gemacht) in ein Sprühfläschchen füllen und direkt auf die zu fettenden Stellen sprühen.

## Troubleshooting Waschen

Lassen Sie sich nicht entmutigen und finden Sie die Ursache heraus, wenn es beim Waschen mal nicht ganz so rund läuft. Meist sind es Kleinigkeiten, die sich leicht beheben lassen.

### ➤ Feuchte Beinbündchen, ohne dass die Windel innen wirklich nass ist

Wahrscheinlich handelt es sich um Waschmittelrückstände auf der PUL-Außenmembran. Die Windel dreimal nach Herstellerangabe (am besten sind 60 °C) ohne Waschmittel waschen und extra spülen. Reduzieren Sie die Waschmittelmenge in Ihrer Waschroutine und laden Sie die Waschmaschine nicht zu voll.

### ➤ Die Windel wird hart und kratzig

Wenn die Windeln über die normale Alterung hinaus rauer und härter werden, könnte das daran liegen, dass Kalk eingelagert wurde. 2 EL Zitronensäure in einem Eimer mit lauwarmem Wasser auflösen. Die Stoffwindeln darin etwa 30 Minuten liegen lassen. Anschließend die Windeln wie gewohnt in der Waschmaschine waschen. Windelhöschen und Einlagen aus Baumwolle und Hanf werden im Trockner wieder wunderbar weich.

### ➤ Flecken gehen nicht raus

Das ist in der Regel kein hygienisches, sondern eher ein optisches Problem. Wenn es Sie trotzdem stört, gibt es einfache Mittel dagegen:

- Windel in die Sonne legen. Das UV-Licht baut die Farbstoffe in den Flecken erstaunlich gut ab.
- Die Flecken vor der Wäsche anfeuchten und mit Fleckenmittel behandeln (siehe Seite 114).
- 2 EL Sauerstoffbleiche zum Waschmittel geben (nicht mit Chlorbleiche verwechseln!). Sauerstoffbleiche zerfällt bei der Wäsche in Sauerstoff, Wasser und Soda und ist für die Babyhaut völlig unschädlich. Sauerstoffbleiche nicht direkt auf den Stoff auftragen.

### ➤ Die gewaschene Windel riecht nach Urin

Der Urin in der Windel wurde nicht ausreichend ausgespült. Mit Programmen wie »Wasser-Plus« oder »Extra-Spülen« waschen.

### ➤ Die Stoffwindel saugt nicht mehr richtig

Fette und Cremes wurden beim Waschen nicht richtig entfernt. Die Windel bleibt fettig und die Flüssigkeit perlt eher ab. Durch vermehrte Keimbildung kann die Windel auch unangenehm riechen. Vorbeugend beim Einsatz von Cremes mit Windelvlies oder Fleece-Einlagen arbeiten oder hochflorige Stoffe verwenden.

Wenn es schon passiert ist:

- Waschmaschine gründlich reinigen (siehe Seite 117).
- Stoffwindeln bei möglichst hoher Temperatur waschen. Bei Baumwolle und Hanf sind das 90 °C, bei den anderen Materialien (außer Wolle) auch schon mal 60 °C. Dabei (ausnahmsweise) konventionelles Vollwaschmittel verwenden. Konventionelle Vollwaschmittel sind etwas aggressiver als Bio-Waschmittel und enthalten normalerweise auch Enzyme, was in dieser Situation hilfreich ist.
- Stoffwindeln in warmem Wasser mit einigen Tropfen Spülmittel über Nacht einweichen, um die Fettrückstände zu lösen. Anschließend bei 60 °C waschen.

### ➤ Die Windel riecht unangenehm, sobald sie feucht wird

Calcium- und Magnesiumverbindungen aus dem Wasser verbinden sich mit Seife zu Kalkseife. Kalkseife setzt sich in der Waschmaschine und in den Windeln fest und bindet Keime. Diese verursachen den schlimmen Geruch, sobald die Windel mit Feuchtigkeit in Berührung kommt. Hier kann vorbeugend Wasserenthärter helfen.

Wenn es schon passiert ist:

- Waschmaschine gründlich reinigen (siehe Seite 117).
- Stoffwindeln bei möglichst hoher Temperatur waschen. Bei Baumwolle und Hanf sind das 90 °C, bei den anderen Materialien (außer Wolle) auch schon mal 60 °C. Dabei (ausnahmsweise) konventionelles Vollwaschmittel verwenden. Konventionelle Vollwaschmittel sind etwas aggressiver als Bio-Waschmittel und enthalten normalerweise auch Enzyme, was in dieser Situation hilfreich ist.
- Wenn auch das nicht hilft:
  - 2 EL Zitronensäure in einem Eimer mit warmem Wasser auflösen. Die Windeln darin 30 Minuten einweichen. Anschließend ohne Waschmittel bei 60 °C mit Vorwäsche waschen. Nicht für PUL geeignet.
  - Oder: 2 EL Waschsoda in einem Eimer mit warmem Wasser auflösen. Die Windeln darin über Nacht einweichen. Anschließend ohne Waschmittel bei 60 °C mit Vorwäsche waschen. Nicht für PUL geeignet.

## Die Windel strippen

Bakterien oder Pilze können zu Windelsoor führen. Hat der Kinderarzt diese Diagnose gestellt, kommt eine Pilzcreme zum Einsatz. Solange diese Pilzcreme verwendet wird, sollte der Einfachheit halber auf Wegwerfwindeln umgestiegen werfen. Die vorher benutzten Stoffwindeln werden »gestrippt«. Dieser Begriff hat sich in der Stoffwindelszene für die Grundreinigung etabliert.

Auch wenn der Ausschlag nicht mehr zu sehen ist, können noch Pilze vorhanden sein. Deshalb die Stoffwindeln im Anschluss zwei weitere Wochen strippen, um eine Neuinfektion zu vermeiden. Manche Eltern machen das auch bei gebraucht gekauften Stoffwindeln vor dem ersten Wickeln.

- Windeln aus Baumwolle oder Hanf bei 90 °C mit Vollwaschmittel waschen und 2 EL Sauerstoffbleiche zum Waschmittel dazugeben. Bei so hohen Temperaturen werden Bakterien und Pilze zerstört, der aktive Sauerstoff unterstützt zusätzlich dabei.
- Alle anderen Materialien wie PUL, Bambusviskose oder Mikrofaser mit einem **Hygienespüler** bei 60 °C und Vollwaschmittel waschen. Beim Hygienespüler ein Produkt ohne Duftstoffe wählen und nach Anweisung verwenden, ökologischen Produkten den Vorzug geben! Unbedingt die vorgeschriebene Einwirkzeit einhalten, damit auch wirklich alle Bakterien und Pilze zerstört werden. Hygienespüler wirklich nur in Ausnahmefällen verwenden, denn sie belasten die Kläranlagen und können zu Resistenzen führen.

## Interview: Theresa Engel

**Mutter**

Mein Name ist Theresa Engel, ich habe zwei Kinder im Alter von dreieinhalb und eineinhalb Jahren. Der dritte Sohn kommt im wenigen Monaten.

Mit dem Stoffwickeln hab ich begonnen, als ich mit dem zweiten Kind schwanger war. Da hab ich gedacht, es fällt einfach zu viel Müll an. Die doppelte Menge Müll konnte ich nicht mehr mit mir vereinbaren. Da hab ich angefangen, mich mit Stoffwindeln zu beschäftigen.

### *Wie viele Stoffwindeln hast du im Einsatz?*

Wir haben 20 Snap-in-One-Windeln und kommen damit super hin. Der Große hat jetzt keine Windeln mehr, aber eine Zeit lang haben wir auch beide damit gewickelt. Das hat prima geklappt. Wir wickeln alle zwei bis drei Stunden, nachts gar nicht mehr. Da gibt es ja extra Night-Booster, diese Extra-Einlagen, und dann reicht das. Es ist ab und zu mal nass, aber das passiert einem auch mit anderen Windeln.

Etwa alle zwei Tage waschen wir. Da sind bei jeder Wäsche ein paar Windeln dabei. Ich wasch die auch nicht einzeln, sondern mit Handtüchern und allem zusammen bei 60 °C. Die Einlagen werf ich in den Trockner, weil sie dann einfach weicher sind. Die Windeln kann ich gut auf die Leine hängen.

### *Wo hast du deine Stoffwindeln gekauft?*

Zuerst hab ich eine Stoffwindelberatung gemacht, da gab es verschiedene Modelle. Dann hab ich mir zwei davon zur Probe gekauft, um zu gucken, wie wir damit zurechtkommen. Und dann hab ich mir übers Internet ein 20er-Set gekauft.

### *Hast du mit der Kita bezüglich Stoffwindeln Erfahrungen gemacht?*

Mein großer Sohn ist im Waldorfkindergarten und die wickeln auch mit Stoffwindeln. Wir bringen die frischen Windeln mit. Sie wollen, dass man das Windelvlies schon reinlegt, damit sie sich um nichts mehr kümmern müssen. Die schmutzigen Windeln packen sie in einen Wetbag. Da gab's überhaupt keine Diskussionen.

# Do it yourself

## Babyöl

Durch seine Blütenauszüge ist dieses milde Babyöl auf Basis von pflanzlichem Öl sehr hautfreundlich. Kamille wirkt beruhigend, antientzündlich und antibakteriell, Ringelblume wundheilend, pilzhemmend, gewebestärkend und ebenfalls antibakteriell. Bevor Sie das Öl mit den Blüten ansetzen, probieren Sie mit dem reinen Öl aus, ob es Ihrem Kind gut bekommt.

*250 ml pflanzliches Öl*
*(zum Beispiel Mandelöl, Olivenöl, Jojobaöl ... oder eine Mischung davon)*
*1 gute Handvoll getrocknete Kamillenblüten*
*1 gute Handvoll getrocknete Ringelblumenblüten (Calendula)*

- Alle Zutaten in ein großes Glas mit Deckel geben und etwa zwei Wochen stehen lassen. So können die Blüten ihre Inhaltsstoffe an das Öl abgeben. Durch ein sehr feinmaschiges Sieb gießen, sodass alle Blütenteile zurückgehalten werden. Vorsichtig ausdrücken, um eine möglichst hohe Ausbeute an Öl zu bekommen.

**Worauf achten?**
Babyöl sollte kein Mineralöl und keine Abfallprodukte daraus (zum Beispiel Paraffine) enthalten. Mineralöl bildet einen Film auf der Haut und behindert die natürlichen Regulationsmechanismen der Haut. Bestandteile daraus können sich in Leber, Niere, Lymphe oder Lunge anreichern und krebserregend wirken. Deshalb lieber pflanzliche Öle verwenden! Auch auf Parfümstoffe sollte verzichtet werden. Parfüme können auf der empfindlichen Babyhaut zu Hautirritationen führen.

## Cremes

Stoffwindeln und Cremes schließen sich nicht aus. Angst vor Flecken oder davor, dass die Stoffwindeln oder Saugeinlagen nicht mehr funktionieren und weniger saugfähig werden, brauchen Sie nicht zu haben. Allerdings sollten Sie einige Aspekte beachten.

Petrolatumhaltige Cremes (Vaseline) können Synthetikfasern eventuell überlagern und die Saugleistung der Windel dauerhaft beeinträchtigen. Werden solche Cremes verwendet, sollten Sie vorbeugend ein Windelvlies oder einen Fleece-Liner einlegen. Bei Windeln und Saugeinlagen aus Naturfasern gibt es dieses Problem nicht. Allerdings schränkt Petrolatum die Hautatmung ein und sollte nur in bestimmten Fällen an die zarte Babyhaut.

Zinkoxid ist ein häufiger Bestandteil vieler Windelcremes. Zinkoxid nimmt Wasser auf, fördert die Wundheilung und wirkt leicht desinfizierend. Cremes, die Zinkoxid enthalten, können weiße oder graue Flecken verursachen, die sich aber auswaschen lassen.

Lanolin als Cremebestandteil wird ausgewaschen.

Gesunde Babyhaut benötigt gar keine Creme. Doch wenn das Baby durch eine Nahrungsumstellung oder beim Zahnen doch einmal einen geröteten Po hat, können Sie eine dünne Schicht Wundschutzcreme auftragen. Hier zeige ich Ihnen ein einfaches, erprobtes Rezept. Die Kräuterauszüge sowie Lanolin und Bienenwachs pflegen bei gereizter und geröteter Haut.

*100 ml pflanzliches Öl, bei Raumtemperatur flüssig*
*(zum Beispiel Mandelöl, Olivenöl, Jojobaöl)*
*½ Handvoll getrocknete Kamillenblüten*
*½ Handvoll getrocknete Ringelblumenblüten (Calendula)*
*50 g natives Kokosöl*
*5 g Lanolin*
*30 g Bienenwachs*
*10 g Sheabutter*
*1 TL Vitamin E*
*(erhältlich zum Beispiel bei: Spinnrad GmbH, www.spinnrad.de)*

- Das pflanzliche Öl mit den getrockneten Blüten in einem großen Glas mit Deckel etwa zwei Wochen ziehen lassen. Anschließend durch ein sehr feinmaschiges Sieb gießen, sodass alle Blütenteile zurückgehalten werden. Vorsichtig ausdrücken, um eine möglichst große Ausbeute an Öl zu bekommen.
- Das Öl mit Kokosöl, Lanolin, Bienenwachs und Sheabutter in ein ausreichend großes Gefäß geben und im heißen Wasserbad unter Rühren schmelzen. Aus dem Wasserbad nehmen, etwas abkühlen lassen, das Vitamin E zugeben und unterrühren. Abfüllen und erkalten lassen.

**Heilende Wirkung**

Die Creme kann auch während der Schwangerschaft gegen Schwangerschaftsstreifen in die Haut einmassiert werden. Sie hilft bei entzündeten Brustwarzen und tut gut bei sehr trockenen Hautstellen und Ekzemen.

# Feuchttücher

Unterwegs oder auf der Wickelkommode können Sie den Babypo mit warmem Wasser (Warmhaltegefäß) plus Waschlappen oder mit Feuchttüchern reinigen. Allerdings enthalten viele Feuchttücher im Handel Inhaltsstoffe, die wir lieber meiden sollten (siehe auch Seite 99). Alkohol, Polyethylenglycol (PEG) oder PEG-Derivate, Tenside, Parabene oder Parfüm sollten besser nicht an die empfindliche Babyhaut.

Feuchttücher kann man einfach und umweltfreundlich auch selbst machen. Dann weiß man genau, was drin ist, bestenfalls nur Inhaltsstoffe aus biologischem Anbau. Die selbst gemachten Tücher müssen – anders als die im Supermarktregal – keine lange Haltbarkeit haben. Deshalb können wir auf Konservierungsstoffe verzichten. Als Tücher kann man wiederverwendbare kleine Babywaschlappen nehmen. Das ist angenehm für die Babyhaut und gut für die Umwelt. Mit selbst gemachten Feuchttüchern spart man auch eine Menge Geld.

## Reinigungslotion für Feuchttücher

- 1 TL natives Kokosöl (ersatzweise Olivenöl oder Mandelöl) in 250 ml heißem Wasser verrühren. Wer möchte, kann noch einige Tropfen Babyshampoo zum besseren Emulgieren des Öls dazugeben.
- Befeuchten Sie die Tücher mit so viel Reinigungslotion, dass sie gerade eben feucht, aber nicht quietschnass sind. Geben Sie sie in ein Behältnis, das die Flüssigkeit nicht nach außen lässt. Das kann eine Brotdose, ein Gefrierbeutel mit Clip oder auch eine extra Feuchttücher-Box sein. Im Handel gibt es sehr schöne Modelle.
- Die benutzten Tücher werden in einem kleinen Wetbag wieder mit nach Hause genommen und können nach dem Waschen wiederverwendet werden.
- Achten Sie darauf, nur abgekochtes Wasser zu nehmen, das erhöht die Haltbarkeit. Lassen Sie die Feuchttücher nicht länger als drei Tage in dem Behältnis. Schließlich enthalten sie keine Konservierungsstoffe.

- Die Reinigungslotion können Sie natürlich auch zu Hause am Wickeltisch verwenden. Geben Sie sie in eine Glasflasche mit Sprühkopf und sprühen Sie die Waschlappen direkt beim Wickeln ein.

## Wollüberhose

Wollüberhosen gibt es im Handel zu kaufen, Sie können sie aber auch leicht selbst stricken. Verwenden Sie dazu Schurwolle, die noch einen Teil Wollfett (Lanolin) enthält. Lanolinwolle oder Lanolingarn bewirkt, dass das Höschen gut dicht hält, sehr gut hautverträglich ist und sich gut pflegen lässt. (Achten Sie beim Kauf der Wolle darauf, bereits gesponnenes Garn zu kaufen.) Gewickelt werden die Wollüberhosen mit Mullwindeln, Bindewindeln, Prefolds oder Höschenwindeln. Wie sie gepflegt und nachgefettet werden, lesen Sie bitte ab Seite 120.

Die Fettwolle wird oft im Strang verkauft, der vor dem Stricken zu einem Knäuel gewickelt wird. Achten Sie beim Abwickeln darauf, zwei etwa gleich große Knäuel zu wickeln. So können Sie leicht mit doppeltem Faden stricken.

Größe S: Neugeborene bis 3 Monte
Größe M: 3 Monate bis 3 Jahre
Größe L: ältere Kinder

*100 g Naturfettwolle bei Größe S (150 g bei Größe M und bei Größe L)*
*Stricknadeln Nr. 3,5 und 5*
*Nadelspiel Nr. 3*
*Häkelnadel Nr. 3*

- Das Grundmuster des Windelhöschens wird kraus rechts mit doppeltem Faden gestrickt, das Bundmuster mit einfachem Faden 1 Masche rechts, 1 Masche links.
- Mit Stricknadeln Nr. 3,5 für Größe S mit einfachem Faden 70 Maschen (M: 78, L: 88) anschlagen und 15 cm im Bundmuster stricken. Dann mit Nadeln Nr. 5 und doppeltem Faden kraus rechts stricken (hin und zurück nur rechte Maschen), dabei in jeder Reihe die 2. und 3. Masche zusammen abstricken. So nimmt man kontinuierlich ab, bis keine Masche mehr auf der Nadel liegt.
- Zur Fertigstellung den Bund zusammennähen. Das Dreieck dann so nach oben schlagen, dass die Spitze am Bund liegt, und einige Zentimeter rechts und links davon festnähen, sodass die Beinausschnitte übrig bleiben. Nun mithilfe der Häkelnadel mit einfachem Faden aus beiden Beinausschnitten für Größe S 28 Maschen (M: 32, L: 36) auf ein Nadelspiel Nr. 3 nehmen und 10 cm im Bundmuster stricken. Die Maschen an den Bündchen elastisch abnehmen. Alle Fäden verwahren.

# Die Autorin

Jutta Grimm, Jahrgang 1962, lebt mit ihrem Mann in einem gemütlichen Holzhaus direkt am Wald. Ihre vier Kinder sind mittlerweile erwachsen und flügge geworden, bereichern ihr Leben aber immer noch. Jutta Grimm studierte Haushalts- und Ernährungstechnik. Aus ihrem Interesse an einer gesunden und ökologischen Lebensweise und den Erfahrungen aus ihrem Studium ergaben sich zahlreiche Ernährungs- und Ökologieratgeber, zuletzt die Bücher »Statt Plastik« und »Magisch fix«.

Mehr von Jutta Grimm:

- Blog: www.grimmskram.net
- Internetseite zum Buch: ratgeber-stoffwindeln.de

# Die Fotografin

Hanna Rudolf ist unter dem Namen »Bilder von Herzen« vorrangig in der Porträtfotografie tätig. Ihre Fotografie zeichnet sich durch natürliches Licht und authentische Momentaufnahmen aus. Zusammen mit Jutta Grimm arbeitete sie bereits an mehreren Buch- und Zeitschriftenprojekten, unter anderem für die Zeitschrift »Einfach Hausgemacht«.

Mehr von Hanna Rudolf:

- www.bildervonherzen.de

# Adressen

Die folgenden Bezugsquellen und Adressen erheben keinen Anspruch auf Vollständigkeit. Schicken Sie uns gerne Anregungen und Ideen dazu. Diese können gegebenenfalls auf der Internetseite zum Buch veröffentlicht werden. Auch Stoffwindelberaterinnen können sich melden, wenn sie dort genannt sein möchten.

Unsere E-Mail-Adresse: info@ratgeber-stoffwindeln.de
Die Internetseite zum Buch: ratgeber-stoffwindeln.de
Verlagsadresse: pala-verlag, Postfach 111122, 64226 Darmstadt, info@pala-verlag.de

## Online-Shops für Stoffwindeln und Zubehör

- Stephanie Oppitz GmbH, 01097 Dresden – **www.windelmanufaktur.com**
- Allerlei Windeln, 03205 Calau – **www.allerleiwindeln.de**
- Windel Christine Bendel, 04683 Belgershain – **www.windel-bendel.de**
- Hans Natur e. K., 24392 Süderbrarup – **www.hans-natur.de**
- janibu, 36088 Hünfeld – **www.baby-stoffwindeln.de**
- Babys Natur, 37445 Walkenried – **www.babysnatur.de**
- Ananas Stoffwindeln, 40237 Düsseldorf – **www.ananas.shop**
- Minzze GmbH, 54294 Trier – **www.stoffywelt.de**
- Traumwindel.de, 56769 Mannebach – **www.traumwindel.de**
- Marcus und Birgit Klingelhöfer GbR, 61276 Weilrod – **www.blumenkinder.eu**
- Wolk GmbH, 72770 Reutlingen – **www.die-besten-stoffwindeln.de**
- Windelwissen, 76135 Karlsruhe – **www.windelwissen.de**
- windeln.de, 81379 München – **www.windeln.de**
- Fratzhosen, 88316 Isny-Neutrauchburg – **www.fratzhosen.de**
- baby-walz GmbH, 88339 Bad Waldsee – **www.baby-walz.de**
- Scepanovic Ivica, 90478 Nürnberg – **www.stoffies.de**
- Lotties GmbH Co. KG, 93354 Siegenburg – **www.lotties.de**
- ImseVimse AB, 62150 Visby, Schweden – **www.imsevimse.de**

## Online-Shops mit Ladengeschäft sowie Beratung, Kursen und mehr

Hug & Grow
Kirchstraße 20, 10557 Berlin
**www.hug-and-grow.de**

StiLLLounge
Dominicusstraße 25, 10823 Berlin
**www.stilllounge-berlin.de**

Baby- und Kinderladen Naturkindchen
Friedhofstraße 9, 63834 Sulzbach am Main
**www.naturkindchen.de**

GrünKind – Wickeln und Tragen
Lauteschlägerstraße 42, 64289 Darmstadt
**www.gruen-kind.de**

Tragelotti
Bahnhofstraße 5, 83059 Kolbermoor
**www.tragelotti-laden.de**

## Windelservice

- Windelei Berlin und Windelei München – **www.windelei.de**
- Larogo UG, 04288 Leipzig – **www.wiladu.de/windeldienst-leipzig**
- POpulär, 09113 Chemnitz – **www.chemnitzer-windelservice.de**
- hallo Baby, 63741 Aschaffenburg – **www.hallo-baby.de**
- Nicht nur Mama, 83071 Stephanskirchen – **www.nichtnurmama.de**
- Rieger Group, 79112 Freiburg, deutschlandweit per Paket – **www.windeldienst.net**

## Sonstiges

- fluff store, 61352 Bad Homburg – **www.fluff-store.de**
  *Nähanleitungen für Stoffwindeln, zum Beispiel für AIO-Windeln, Pocketwindeln, Saugeinlagen, Höschenwindeln, Wollüberhosen*

- Mariengold, Maria Ribbeck, 14163 Berlin – **www.mariengold.net**
  *Die Puppe, die in diesem Buch das Wickeln veranschaulicht, ist etwas vergrößert nach der Vorlage »Baby Twink« genäht.*

## Umweltfreundlich, individuell, selbst gemacht

Jutta Grimm:
**Statt Plastik**
ISBN: 978-3-89566-348-2

Jutta Grimm:
**Magisch fix**
ISBN: 978-3-89566-373-4

Elke Puchtler:
**Lavendelschätze**
ISBN: 978-3-89566-377-2

Anna Lena Böckel,
Uwe Schröder, Günter Wagner:
**Flowfood**
ISBN: 978-3-89566-386-4

## Andere Bücher aus dem pala-verlag

Irmela Erckenbrecht:
**Das vegetarische Baby**
ISBN: 978-3-89566-308-6

Irmela Erckenbrecht:
**So schmeckt's Kindern vegetarisch**
ISBN: 978-3-89566-304-8

Friederike Kuppe:
**Unser Baby hat Neurodermitis – wir schaffen das!**
ISBN: 978-3-89566-230-0

Andrea Göhring,
Jutta Schneider-Rapp:
**Bauernhoftiere bewegen Kinder**
ISBN: 978-3-89566-368-0

**Gesamtverzeichnis bei:**
**pala-verlag, Rheinstraße 35, 64283 Darmstadt, www.pala-verlag.de**

ISBN: 978-3-89566-395-6
© 2019: pala-verlag,
Rheinstraße 35, 64283 Darmstadt
www.pala-verlag.de

Alle Rechte vorbehalten

Bildnachweis:
*Seiten 12, 32, 61, 70, 128, 136, 137:* Jutta Grimm
*Seite 104:* Rudolf Müller
*alle anderen Fotos und Titelfotos:* Hanna Rudolf
www.bildervonherzen.de

Lektorat: Angelika Eckstein

Druck und Bindung: Beltz Grafische Betriebe GmbH, Bad Langensalza
www. beltz-grafische-betriebe.de
Printed in Germany

Gedruckt auf
**100%** Recyclingpapier